FLORENCE ET JACQUES LANZMANN

La vie commence à Marrakech

roman

ÉDITIONS DU
ROCHER
Jean-Paul Bertrand

ISBN 2-268-04860-8

À la belle inconnue
qui nous a inspiré cette histoire.

Première partie

La rencontre

Nicolas, un jeune homme de seize ans, prenait peu à peu possession du ryad loué par sa mère. Quand il eut traversé le patio harmonieusement décoré et arboré, il gagna le premier étage dont les chambres raffinées donnaient sur la luxuriance du jardin. Il jeta un œil critique sur la piscine et les chaises longues en teck, et s'aventura dans les escaliers qui semblaient monter vers le ciel. Il fit coulisser le verrou, et poussa la lourde porte en fer. C'était bourge, beaucoup trop bourge...

Il arriva sur la première terrasse. Elle était ceinte de hauts murs qui l'empêchaient de regarder alentour.

Les propriétaires de la maison avaient disposé des plantes un peu partout. Il vit des bougainvilliers, du jasmin, des roses, qui s'épanouissaient dans de grandes jarres en terre cuite et débordaient sur le patio en contrebas. Cela sentait les poivriers. Il froissa une feuille entre ses doigts. C'était fort, musqué. L'odeur du poivrier prenait le pas sur les parfums d'Orient qui s'exhalaient de cette profusion de fleurs et de plantes. C'était son premier séjour au Maroc. Il ressentait une sorte d'appréhension. La crainte peut-être de passer à côté des choses sans les voir ni les comprendre.

Il remarqua quelques marches qui donnaient accès à une terrasse supérieure et s'y rendit.

Cela faisait des mois que sa mère l'agaçait lorsqu'elle parlait de « l'ensorcellement de Marrakech ». Il abhorrait cette expression toute faite, qui, à vouloir trop en dire, ne voulait rien dire. Et pourtant, à ce moment précis, du haut de ce ryad, il fut pris d'une émotion impalpable. Il ne savait où regarder, tant il y avait de choses à voir. Les sommets enneigés de l'Atlas se découpaient, comme la toile de fond d'un tableau, presque irréels. En réalité, cela faisait très carte postale. Il ne manquait que les mots « Marrakech la Magique ». Et une signature, sûrement pas la sienne.

Il détestait ces clichés si mal composés. Une lettre devrait pouvoir se passer de photos. À eux seuls, les mots sont de grands pourvoyeurs d'images. Non, les cartes postales, ce n'était pas son genre...

Tout autour de lui, les terrasses des maisons se succédaient, s'imbriquant les unes dans les autres. Il distinguait mal les contours de chacune, tant elles semblaient former un gigantesque puzzle. Mais toutes les pièces, tous les morceaux du puzzle, n'étaient pas du même type. Le chic, l'élégance, la verdure côtoyaient les taudis. Pire encore, les uns et les autres voisinaient bord à bord. Les riches se protégeaient des pauvres en élevant haies ou barrières de bois. De chez eux, ils avaient une vue plongeante sur la misère. Étrangement, les misérables ne s'en offusquaient pas.

Des antennes délabrées, des débris, des bouts de ferraille, du plastique, tout ce qu'on ne jette pas car cela peut servir un jour, encombraient l'espace, le disputant au linge mis à sécher. Les pauvres choquaient les résidents étrangers, des gens qui rénovaient avec goût. Pour un peu, ils auraient bien rasé toutes ces cambuses. À défaut, ils achetaient et s'agrandissaient.

Il se tourna à nouveau vers l'Atlas. Il contemplait les pics enneigés qui semblaient couronner les vallées de l'Ourika et toutes les autres, qui s'enchevêtraient par les gorges et les ravins jusqu'à Ouarzazate et bien au-delà. Il devinait la montagne. C'était même un fameux grimpeur. L'Atlas, avec ses sommets à plus de quatre mille mètres et des dizaines d'autres qui dépassaient les trois mille, donnait à Marrakech un côté Katmandou. D'ailleurs, la ville était tout aussi polluée. Il avait visité le Népal l'année précédente.

Il sourit en remarquant qu'il était passé d'un royaume à un autre royaume. Malgré l'attentat de Casablanca, le Maroc paraissait calme. Les barbus avaient d'autres desseins, d'autres buts que ceux des maoïstes népalais. Eux se battaient au nom de Marx. Les barbus agissaient en accord avec Dieu.

Nicolas en était là de ses réflexions quand le muezzin de la Koutoubia chanta la gloire d'Allah. Au même instant, toutes les mosquées de ville, et même toutes celles du pays, clamèrent la suprématie d'Allah le Grand.

La Koutoubia se dressait devant lui, à portée de voix. C'était impressionnant. Le chant, puissant et modulé, s'alliait parfaitement à l'architecture. Dans l'avion, il avait distraitement feuilleté le Guide Bleu de sa mère. Il avait donc appris que le minaret, construit sous les Almohades, datait du XIIe siècle. Il adorait les livres, mais pas les guides touristiques. Trop d'explications hâtives. Trop de reconstitutions et de littérature. Il pensait qu'il découvrirait la ville par lui-même. Il avait bien conscience que c'était présomptueux, mais il aurait tout le temps d'arpenter la multitude de ruelles où se faufilait, à certaines heures, la foule de la Médina. Un mois exactement. Autant dire une éternité.

Qu'allait-il faire pendant trente longs jours dans une ville étrangère ?

Oh, bien sûr, ces vacances inattendues auraient dû le réjouir ! Et pourtant, ce n'est pas ainsi qu'il l'envisageait. Il enrageait plutôt d'avoir été mis à pied de son lycée pendant quatre semaines. Simplement parce qu'il voulait travailler un jour de grève !

Alice, sa mère, encaissa le coup. Pas de reproches, pas de cris, pas de larmes. Aucun drame. À vrai dire, il n'en revenait pas. C'était la première fois depuis des années qu'elle le surprenait. Mieux, elle l'épatait par son calme et sa placidité apparente. Son dernier amant, un politique en vue, semblait lui réussir.

Nicolas et sa mère formaient un drôle de couple. Du plus loin qu'il se souvienne, ils n'avaient jamais vécu à trois. Il était âgé de deux ans quand ses parents s'étaient séparés. Trop petit pour garder des images du bonheur perdu. À supposer qu'il y ait eu du bonheur. Il passait toutes les vacances scolaires chez son père, qui n'évoquait jamais sa mère, et réciproquement. À la maison, pas une photo d'autrefois, du temps où ils formaient une famille à trois. À bien y réfléchir, cela lui semblait un peu bizarre, voire stupide. Mais il n'avait jamais rien connu d'autre que cette guerre larvée, alors il s'en accommodait.

Quant à sa mère, que des amis disaient sensuelle et dévorante, elle s'accommodait des « minets galants ».

Combien de temps resta-t-il sur cette plate-forme de pisé ? Deux, trois heures peut-être. Juste le temps d'une autre prière.

En effet, il fut tiré de sa rêverie par un appel retentissant : celui du muezzin. Il connaissait les mots « Allah Akbar », la suite devait être une exhortation à se rendre à la mosquée. La voix, stridente, amplifiée par un haut-parleur, mêlait invocations persuasives et intonations plus mélodieuses. Comme précédemment, elle fut relayée aussitôt par toutes les mosquées de la ville. Curieusement, il pensa à la chanson de Jacques Brel. Il trouvait cela « beau et con à la fois ».

Cet appel à la prière déclencha quelques claquements de portes dans le quartier, le *derb*, ainsi que l'on nomme cet enchevêtrement de ruelles. Les hommes sortaient de chez eux pour rendre grâces au Prophète.

Tout était nouveau pour Nicolas, à commencer par cette demeure, un petit palais qui abritait un vaste patio où se côtoyaient bananiers, orangers, citronniers, oliviers et autres arbres rares, harmonieusement disposés autour d'une antique fontaine en marbre. C'était la représentation même du jardin d'Éden, tel que le décrit la Bible.

Quatre pièces, longues et étroites, dont les plafonds de cèdre faisaient l'admiration des locataires, agrémentaient chaque côté du grand patio.

De la rue, rien ne laissait deviner cette oasis. Passé la porte d'entrée, ordinaire et de taille modeste, puis le long couloir assez sombre, il avait eu un choc en pénétrant dans ce puits de lumière.

Le soleil irradiait et rendait encore plus vives les hautes portes des salons.

Chaque pièce se révéla différente. L'une abritait un plafond en cèdre aux motifs floraux. Une autre, décorée de stucs finement travaillés, semblait rivaliser avec une troisième, toute de sobriété grâce à ses dentelles de bois qui encadraient deux alcôves.

À l'étage, plusieurs chambres, belles, élégantes et simples. Les plafonds, là aussi avec leurs poutres de cèdre, dégageaient un subtil parfum. Elles se reflétaient sur les murs revêtus de tadelakt. Les fenêtres, hautes mais étroites, permettaient de se préserver des fortes chaleurs comme du froid intense. Des tapis berbères, brodés de motifs géométriques, et sans doute ésotériques, recouvraient les sols en chaux. Quelques coffres en bois sculpté meublaient naturellement l'ensemble.

La maison, raffinée sans ostentation, ne ressemblait en rien à une location. Pas de fauteuils en plastique ou en osier, pas d'armoire branlante, pas de lits aux ressorts fatigués. Bien que critique parce que trop bourgeois, pour ne pas dire trop riche, Nicolas était sous le charme. Tout paraissait propice à l'amour. Il l'attendait depuis toujours et se préservait des flirts pour vivre l'Absolu. Ce qui inquiétait d'ailleurs sa mère. Respectant le mutisme de son fils, elle se demandait néanmoins s'il était encore puceau. Il gardait le secret. On ne lui connaissait ni copines, ni copains. Quelques amis en revanche. Tous très studieux, très lettrés. C'était à se demander s'ils n'avaient pas créé, eux aussi, un cercle des poètes disparus.

Il gagna la terrasse supérieure et s'installa sur une banquette aux coussins moelleux, couleur sable rouge, tout comme celle des remparts de la ville.

Il observait le ballet ininterrompu, mais discret, des femmes sur les terrasses. Elles allaient et venaient, étendaient du linge, échangeaient quelques mots, houspillaient leurs enfants. Autrefois, ce lieu était leur domaine réservé, exclusif. Aucun homme ne se risquait à passer la tête hors de la porte ou de la trappe. Elles y buvaient du thé, se racontaient des histoires d'amour. Elles se coiffaient, se maquillaient, se caressaient. Elles en faisaient leur gynécée.

Aujourd'hui, les étrangers ont pris possession des terrasses. Torse nu, quelquefois même complètement dénudés, ils ont choqué les femmes, qu'elles soient arabes ou berbères, jeunes filles ou mariées. Ne montent sur les toits que celles qui étendent le linge ou le ramassent. On se méfie des regards qui traînent, comme on se méfie des sourires et des appareils photos.

En vérité, avec un peu d'humour, Nicolas se disait qu'on pourrait comparer Marrakech à la Goutte d'Or. Dérision, mais, à Barbès, les Arabes sont plus nombreux que les Français. Toutes proportions gardées, c'est un peu pareil à Marrakech, dans le sens contraire, bien entendu, puisque les Occidentaux, les Français, les Italiens, les Anglais, les Allemands, ont chassé les femmes des terrasses comme ils ont chassé, argent oblige, quelques milliers de Marrakchis de la Médina.

Nicolas, de son poste d'observation, ne pouvait distinguer les intérieurs. Mais il constatait combien les murs s'effritaient. Le reste devait être à l'avenant. À commencer par la maison voisine. Elle semblait inhabitée. Sa minuscule « terrasse » s'écroulait en partie. Le sol était jonché de vieux sacs en plastique, débris de bouteilles, gravats et caisses de bois pourri. En se penchant légèrement, le jeune homme apercevait un patio désolé. Rien n'y poussait. À l'étage, les vestiges d'une coursive, autrefois en bois sculpté, pendaient dangereusement dans le vide. L'humidité rongeait les parois, qui menaçaient de s'effondrer prochainement. Non, décidément, personne ne pouvait vivre dans un lieu aussi insalubre.

Le jour déclinait et le soleil se cachait derrière les minarets. L'horizon l'engloutissait peu à peu.

Il entendit soudain un grincement. Quelqu'un poussait la porte de la terrasse voisine, de ce *dar* délabré qu'il croyait vide.

Il se retourna et resta subjugué. Des ruines, surgit une jeune fille au visage d'ange. La chevelure brune, relevée en chignon, dégageait un long cou que mettait en valeur la djellaba blanche. Hiératique, elle l'observa tranquillement. Il pensa à la Joconde. Une Joconde mauresque. Elle affichait le même sourire, léger et énigmatique.

Quelques mètres à peine les séparaient. Il aurait pu enjamber le muret qui jouxtait les deux maisons. Pourtant, il se garda d'avancer. Le cœur battant, il demanda :

– Tu habites ici ?

Elle ne répondit pas. Il insista :

– Tu parles français ?

– Oui, un peu.

Elle avait une voix légèrement rauque, légèrement voilée. Avec l'islam, on ne sait jamais !

– Mais c'est impossible d'habiter ici ! D'où es-tu ?

– Pourquoi c'est impossible ? Toute ma famille vit en bas.

– Au rez-de-chaussée ?

– Oui, bien sûr, on est chaussés ! Pourquoi tu demandes ça ?

Il se prit à rire et dit :

– Excuse-moi, c'est une confusion !

Il n'en revenait pas. D'un côté, la somptuosité, le confort. De l'autre, le délabrement, un trou à rats. Comment pouvait-elle apparaître aussi immaculée, aussi belle, aussi pure ?

Décidément, le hasard, il l'avait lu dans Balzac, est sans doute le meilleur romancier du monde.

Il l'attendait depuis toujours. Elle ressemblait à cette femme idéale pour laquelle il se préservait encore. Ému, troublé, il s'apprêtait à discuter plus avant lorsque retentit à nouveau l'appel du muezzin. La voix parvenait de la Koutoubia, portée par le vent, et fut bientôt reprise par tous les autres muezzins. C'était affirmatif, presque brutal.

Aussitôt, sans même lui adresser un signe, la jeune fille se précipita et disparut, comme si elle s'était évaporée, derrière la porte rouillée. Il l'entendit descendre les marches à vive allure.

Machinalement, il regarda sa montre. Il était dix-huit heures cinq en ce début novembre qui correspondait cette année-là au mois du Ramadan.

Il apprendrait plus tard que le coucher du soleil marque la rupture du jeûne, l'heure du *ftor*, ou petit déjeuner, le premier repas de la journée pris par ceux qui observent le rituel.

Il l'attendit, pensant qu'elle remonterait bientôt.

Elle ne pouvait le laisser ainsi, à l'orée d'une conversation inachevée. C'était trop injuste.

Déjà, il s'exhaltait, persuadé qu'il avait rencontré la Femme idéale, celle dont il rêvait depuis l'enfance.

Il ne vit pas le soleil chuter derrière les grands palmiers du palais Royal, il ne sentit pas la nuit qui l'enveloppait, ni le froid qui tombait. Il pensait aux mots incompréhensibles et imprononçables comme « rez-de-chaussée ». Il aurait dû simplifier ses phrases, se mettre à sa portée. Peut-être devrait-il apprendre l'arabe, le berbère ? Comment demander l'origine de quelqu'un sans le vexer ? Berbères et Arabes se reconnaissent-ils entre eux ? On dit qu'ils ne s'aiment guère. Question de culture, de gènes. On dit même que les Berbères seraient d'origine juive, à moins que les juifs qui vivaient au Maroc depuis deux mille ans ne soient devenus berbères ?

Nicolas se disait qu'entre elle et lui (il ne connaissait même pas son prénom) il y avait l'Orient et l'Occident, le Coran et l'athéisme, le parler et la culture, la liberté et la méfiance, l'ouverture d'esprit et la contrainte de l'islam. Il devrait y aller sur la pointe des pieds, marcher sur des œufs, sinon il risquait de tout casser.

Il attendit en vain. Il espérait un nouveau rendez-vous, le lendemain à la même heure.

Il se calma. Il pensa à tuer le temps.

Il sortait du derb, quand il vit se profiler une longue silhouette blanche. C'était elle, il en était certain. Soudain, prenant feu, il courut dans sa direction et posa familièrement la main sur son épaule.

Le visage se tourna vers lui. Voilée jusqu'aux yeux, l'inconnue lui jeta un regard empli d'animosité.

Elle l'injuria de quelques mots d'arabe, dont il comprit le sens à défaut des paroles.

Il s'excusa :

– Pardon, pardon, je vous ai prise pour une autre !

Tous les Marocains savent ce que « pardon » veut dire. Néanmoins, elle l'attrapa par le bras et s'adressa aux curieux qui déjà formaient cercle autour d'eux.

« Quelle dingue », pensa Nicolas.

Furieux, un barbu s'avança vers le Français, menaçant :

– Pourquoi as-tu touché cette femme ?

– Mais...

– Vous, les étrangers, vous ne respectez même pas le voile !

– C'est juste un malentendu ! Je l'ai prise pour quelqu'un que je fréquente.

– Comment ça ? dit l'homme en colère. Tu fréquentes une Marocaine, toi ? Mais c'est interdit par le Coran !

Maintenant, les badauds affluaient. Le cercle devenait groupe. Le groupe se transformerait bientôt en foule. Nicolas paniquait. Sa mère lui avait parlé de ces scènes de rue, quotidiennes. De ces hommes qui en viennent aux mains à la moindre insulte. Cette fois, plus rare, on s'en prenait à un étranger.

Une femme cracha à terre, juste aux pieds de Nicolas. Une autre, plus évoluée, apostropha cette dernière en français :

– Mais enfin, laissez-le, c'est un jeune, il ne connaît pas nos usages ! Et que faites-vous de notre sens de l'hospitalité ?

Tous les regards se tournèrent vers elle. La « victime » leva les bras comme pour la gifler. Nicolas s'interposa tout en songeant au grand-guignolesque de la scène.

De nouveaux curieux, qui n'avaient rien vu, commentaient l'affaire, tout en s'inquiétant.

« Des primates ! » pensa Nicolas. Tout de suite, il s'en voulut de cette notation raciste.

Il avait l'impression d'être tombé dans un piège. Maintenant, tout le monde hurlait. Cela devenait angoissant.

Comment sortir de cette mauvaise passe ?

Plus il regardait les gens autour de lui, vociférant, palabrant, insultant, moins il imaginait une issue rapide.

Et puis, au moment où il s'y attendait le moins, tout changea. La situation bascula. Le Mokhadem, le chef de quartier, alerté par quelques voisins, arrivait sur les lieux. De haute taille, le visage sévère, drapé dans un burnous gris, il haussa à peine la voix...

Comme par magie, tout s'arrêta. Plus un cri. Seulement une nuée de gens désœuvrés qui disparaissaient au plus vite.

Nicolas était stupéfait. C'était donc cela, le fameux pouvoir policier marocain ! Les citoyens étaient si effrayés à l'idée d'avoir des ennuis qu'ils filaient doux. En quelques minutes, plus personne. Nicolas se retrouva seul face au Mokhadem qui souriait. Il se voulait bienveillant :

– *Ma Kayn mouchkin.* Aucun problème, n'est-ce pas ?

Alors, à sa grande honte, Nicolas fit comme les autres. Il s'effaça.

– Non, bien sûr, aucun problème !

Il mentait. Son problème, c'était d'apercevoir cette fille partout et n'importe où. Elle était présente à chaque coin de rue, dans chaque taxi, dans chaque échoppe, dans chaque ruelle. Elle était surtout en lui, complètement en lui. Sera-t-elle encore là demain, et après-demain sur cette terrasse, et tous les jours qui suivront... ?

Il était plus de vingt et une heures et Alice rentrait en « petit taxi ». On nommait ainsi ces voitures de couleur jaune pour les distinguer des « grands taxis », qui ont le droit, contrairement aux petits, de sortir de la ville. Le chauffeur n'avait pas branché son compteur, comme souvent à Marrakech, et cela donnerait lieu à des palabres sans fin, comme d'habitude. Elle préférait payer plutôt que de discuter. Cela allait plus vite. Son fils lui reprocherait certainement son retard. Elle avait promis de rentrer en fin d'après-midi, et de l'emmener faire un tour dans les souks. Or, elle avait passé toute la journée à écouter les desiderata de ce banquier qui voulait modifier la décoration de sa prétentieuse villa située dans la Palmeraie. Pas de quoi se plaindre cependant : budget illimité et salaire conséquent. Elle avait refusé d'être raccompagnée. Nicolas aurait pu gloser. Il détestait le milieu dans lequel évoluait sa mère, qu'il jugeait superficiel et creux. Il résumait son métier au choix de la couleur des rideaux à assortir aux canapés. C'était dénué de tout intérêt et de toute ambition. Elle valait mieux que cela, selon lui. Elle devait imposer son style et ne jamais céder aux exigences du client. Les grands décorateurs sont comme les grands metteurs en scène : seuls maîtres à bord. Ils ne composent que contraints et forcés.

Elle ne comprenait pas son aversion : elle aimait ce travail grâce auquel elle rencontrait des gens bien différents de ce que son fils imaginait. Il y avait de tout, naturellement, des nouveaux riches ou plutôt des anciens pauvres, mais on rencontrait assez souvent des gens fins et intelligents. Quoi qu'il en soit, à Marrakech comme à Paris, elle avait acquis une certaine célébrité et pour rien au monde elle n'aurait abandonné sa vie parisienne, truffée de sorties et d'avant-premières.

Alice était ce qu'on appelle une belle femme. Grande, élancée, blonde, les yeux d'acier, les pommettes hautes. Assez impressionnante, pas le genre évaporé ni fragile. Elle en imposait plutôt. Son aisance et sa classe naturelle lui valaient souvent des regards admiratifs. Nicolas aimait bien se promener avec elle. Il prenait un malin plaisir à l'enlacer dans la rue. Enfant, il se sentait valorisé avec elle. Maintenant, il la jugeait du haut de ses seize ans.

Depuis son divorce d'avec le père de son fils, elle avait eu bien des aventures, passades, amants officieux ou officiels, mais jamais un compagnon. La situation lui convenait parfaitement. Elle menait depuis quinze ans une vie de célibattante et cette image lui plaisait. Elle refusait de s'appesantir sur le peu de temps consacré à son fils. Elle l'aimait et cela lui semblait suffisant. Les nounous, puis les baby-sitters, se succédaient d'année en année, mais elle assurait quand même son rôle de maman. Petit, il lui reprochait ses absences. Malgré tout, quand il était enfant, elle s'arrangeait pour aller le border avant de sortir. Aujourd'hui, il ne franchissait même plus la porte de sa chambre lorsqu'il l'entendait rentrer. Elle se disait qu'il traversait l'âge ingrat, que cela passerait. Elle se posait bien quelques questions sur sa fausse indifférence, mais pensait qu'il lui reviendrait dans quelques années.

Elle ne se reprochait rien. Elle essayait de faire de son mieux, un point c'est tout.

Alice n'était pas une « mère poule ». Le terme, d'ailleurs, la révulsait. Jamais elle n'avait couvé Nicolas. Ambivalente, elle le considérait pourtant comme le seul véritable homme de sa vie. Enfant désiré, adolescent épris de pureté ou adulte en devenir, il serait toujours là. Le reste importait assez peu, finalement.

Elle le savait par ses lectures, par les films, par ses amis, et même par expérience. On croit connaître l'être aimé comme l'être aimé croit vous connaître. En vérité, que sait-on de l'autre, que sait-il de vous ? Ce que l'on montre, ce que l'on veut bien présenter ou préciser. L'essentiel reste enfoui dans la terre meuble de ce que l'on nomme le « jardin secret ». Elle ne pouvait que supposer, qu'imaginer. Mais quel genre de plantes, quel genre de fantasmes poussent donc dans ces jardins secrets ? À les découvrir, on serait émerveillé, ou affolé.

Alice avait renoncé. Elle ne remuait plus la terre.

Chez son fils d'ailleurs, ce devait être du terreau, une matière bien plus fertile. Il y cultivait la pureté, l'intégrité. Tout ce qu'elle savait, c'est que Nicolas avait une belle âme. L'âme, c'est encore autre chose. Rien à voir avec le jardin secret.

L'âme d'Alice n'était pas souvent à la maison. Elle voyageait avec elle et tournoyait de par le monde. Pour se protéger, et la garder en elle afin qu'elle n'aille pas dans le corps d'un autre. Elle avait rapporté du Laos un reteneur d'âme. C'était une plaque d'argent, un contrepoids que les Méos et les Akas portent autour du cou. Depuis des années, elle en avait fait son fétiche, et ne le quittait pas. Côté âme, elle était donc tranquille.

Elle partait souvent sur des chantiers à l'étranger. Autrefois, manquant de bisous et de câlins, Nicolas lui en tenait grief des semaines entières. Il se rattrapait avec la nurse, mais les câlins n'avaient pas la même ardeur. Alice comprenait. Elle en souffrait vaguement mais continuait pourtant d'accepter des contrats ici et là. Elle ne voulait pas être tenue par un enfant, ni par quiconque, ni même par des états d'âme...

Au retour de Marbella où elle décorait la propriété d'un couturier hétérosexuel, une espèce en voie de disparition, Alice trouva son fils dans un état de surexcitation extrême. Par défi, alors que l'Éducation nationale recommandait la grève, Nicolas avait fait le mur du lycée et s'était installé, seul, dans sa classe. Découvert, il eut droit au conseil de discipline et fut mis à pied, l'expression la fit sourire, pour un mois.

Dire qu'elle apprit la nouvelle du renvoi de son fils avec allégresse serait exagéré. Pourtant, elle ne lui en voulut pas. Mieux, elle comprit son idéalisme. Et elle avait bien l'intention de profiter de ces quatre semaines pour se rapprocher du rebelle.

Il fut surpris quand elle lui annonça qu'elle l'emmenait à Marrakech où on lui confiait un nouveau chantier. Il s'attendait à des représailles sévères. Incroyable, joignant l'utile à l'agréable, elle lui offrait des vacances.

Un petit ennui cependant : cela tombait en plein Ramadan. On la prévint : les Marocains seraient peut-être un peu nerveux.

Alice pressait le taxi. Elle revenait de la Palmeraie et l'avenue Mohammed-V était quasiment impraticable.

Le gens rentraient chez eux, la faim au ventre, pour ne pas manquer le ftor.

Lorsqu'elle pénétra enfin dans son ryad, elle fut surprise par l'obscurité ambiante. Pas une lumière, pas une lanterne allumée, ni dans le patio, ni à l'étage. Elle appela son fils mais ne reçut aucune réponse. Elle le chercha dans chaque pièce, sans résultat. Inquiète, elle le découvrit enfin sur la terrasse, assis en lotus, un sourire songeur accroché à son visage tourmenté. Elle connaissait cette expression et pensa qu'elle n'annonçait rien de bon. La dernière fois qu'il affichait cet air extasié, il avait décrété qu'il partait en retraite dans un monastère bouddhiste aux confins du Népal.

Persuadée qu'un refus aurait accentué sa décision, elle ne s'y était pas opposée. Elle avait juste mis une condition : qu'il paie son voyage en travaillant durant les vacances d'été. Il avait effectivement bossé dans un restaurant mais, à force de servir des clients capricieux, il abandonna le bouddhisme pour le syndicalisme. Puis, trop jeune, trop inexpérimenté, il laissa tomber les revendications lycéennes.

Nicolas était fantasque, autant l'accepter que de lutter contre ce trait de caractère bien affirmé.

Ainsi, son renvoi du lycée ne la surprit pas, tant elle connaissait l'idéalisme de son fils.

Ses ennuis commencèrent quand il annonça en pleine classe qu'il en avait assez des profs nantis qui enseignaient dans le VIIe arrondissement et parlaient de leur établissement comme d'une ZEP de La Courneuve.

C'était sa rébellion à lui : dénoncer le système des trop favorisés, tout en sachant qu'il en faisait partie.

Puis, quand vint la grève, il refusa la consigne. Il se faufila prudemment dans la cour et passa la journée seul dans une salle de classe, à lire les lettres d'amour de Victor Hugo à Juliette Drouet. Il dormit sur place. Quand on le découvrit le lendemain matin, il expliqua laconiquement : « Je ne suis pas un soixante-huitard, mais un deux-mille-troisard. Je fais des études, pas la guerre des classes. »

Alice caressa tendrement les cheveux de son fils.

– Nicolas, mon chéri, que se passe-t-il ?

Il ne réagit pas. Elle lui pressa légèrement l'épaule.

– Nicolas...

Il ouvrit les yeux, comme s'il sortait d'un état second.

– Oh, maman, si tu savais, j'ai fait connaissance avec la beauté du diable. Elle m'a ensorcelé !

Il marqua une pause et poursuivit :

– J'en suis sûr, c'est la fille que j'attends depuis toujours.

– Une Française ?

– Non, une Marocaine, une madone...

Elle ne put s'empêcher de remarquer :

– Je ne vois pas comment on peut être à la fois Marocaine et madone !

Elle se reprit et s'enquit d'un ton badin :

– Et d'où sort cette beauté du diable ?

Il désigna d'un mouvement de tête la maison voisine et dit :

– Le mot ne convient pas. En fait, c'est une beauté d'ange, une déesse...

Alice s'approcha du mur d'en face et regarda en contrebas.

– Tu es sûr ? C'est complètement délabré ! Personne n'habite là-dedans !

Il parut contrarié.

– Voyons, maman, ai-je l'habitude de raconter n'importe quoi ?

Ce n'était effectivement pas son genre. Il exagérait parfois, mais il y avait toujours un fond de vérité dans ses propos.

Elle savait que de nombreux Marrakchis vivaient dans la Médina de façon spartiate, à quatre ou cinq familles par maison, avec un ou deux points d'eau pour tout le monde et des matelas défoncés posés à même le sol. On trouvait toujours quelqu'un qui y dormait, même en plein jour. Le chômage, la misère, le désœuvrement. Pas d'espoir. Pas d'avenir en dehors de la foi. Heureusement, il y avait les mosquées, et puis Allah le plus grand. Comment un Marocain qui gagne deux mille dirhams par mois pourrait-il se permettre de restaurer ces vastes demeures, belles mais inconfortables ? Alors ils vendent et partent s'installer dans de petits appartements flambant neufs construits à la périphérie de la ville nouvelle.

Et que dire des dars minuscules, comme cette maison voisine, détériorés jusqu'à s'écrouler, dont personne ne veut, même pour rien ? Force est d'y rester, et d'y survivre.

Alice revint vers son fils et demanda :

– Elle est si belle que ça ? Quel âge a-t-elle ?

Nicolas poussa un soupir et répondit :

– Après tout, il s'agit peut-être d'une apparition, d'une hallucination... Sinon, elle doit avoir dans les quinze ans. Peut-être seize. Crois-moi, maman, elle symbolise le sublime. Je n'ai jamais ressenti quelque chose d'aussi fort !

Rien de moins ! Cela devenait inquiétant. Elle le savait extravagant, romantique, mais jamais encore il ne s'était exprimé pareillement à propos d'une fille.

– Voyons, tu es sûr que tu n'idéalises pas ? Tu es sous le choc, c'est compréhensible, mais de là à délirer...

Il la foudroya du regard.

– Tu me prends pour un fou ? Ou bien alors tu es carrément jalouse ?

Décontenancée, elle ne savait comment réagir à cette soudaine attaque. Souvent, elle s'inquiétait de la quête d'absolu de son fils. À seize ans, elle le croyait encore vierge, se réservant pour le grand amour, et trouvait cela surréaliste.

Non, elle n'était pas jalouse, bien au contraire, simplement elle ne comprenait pas. Il était sans doute sous le charme de l'Orient. La magie de Marrakech opérait. Oui, ce devait être cela...

Elle haussa les épaules, comme pour minimiser l'importance de sa phrase. Nicolas le prit mal.

– Évidemment, la force des sentiments, le coup de foudre, cela ne signifie plus rien pour toi. De toute façon, tu ne comprends que ce qui concerne ta propre personne. Nous sommes arrivés ce matin, et déjà j'ai passé la journée sans te voir une seule fois. Tu n'es même pas foutue de rentrer plus tôt comme tu l'avais promis. C'est nul, complètement nul !

Alors qu'Alice esquissait un geste de protestation, il ajouta :

– Ne crois pas que je te fais des reproches. Même pas, vois-tu, c'est juste une constatation. Tu n'es pas fiable. Tu ne tiens pas tes promesses.

Elle bondit.

– Je ne suis pas fiable, mais je t'ai tout de même emmené avec moi. Je t'interdis de me parler ainsi. Je suis ta mère, et une mère, ça se respecte !

Aussitôt prononcés, ces mots lui parurent ridicules.

Son fils ne lui manquait pas de respect, il exprimait son ras-le-bol, sa lassitude. C'était légitime. Malgré les disputes, les « clashs », disait Nicolas, il y avait toujours eu une grande confiance entre eux, basée sur l'amour, et de la solidarité. Non, décidément, ce n'est pas en se drapant dans sa dignité de mère et en jouant sur le registre de l'éducation qu'elle resterait complice de son fils.

Elle le voyait réellement bouleversé. Alors, elle lâcha prise, et s'accusa.

– D'accord, tu as raison, je n'ai pas assuré. J'ai pris rendez-vous avec le banquier tout de suite alors que cela aurait pu attendre demain. Je n'y ai pas réfléchi, et je suis navrée de t'avoir laissé seul.

Elle sourit, malicieuse.

– Allez, Nico, ne m'en veux pas. Mon absence t'a permis de rencontrer la fille de ta vie. Si nous étions sortis, peut-être ne l'aurais-tu jamais croisée !

Il esquissa un sourire et répliqua :

– C'est impossible, nous sommes faits l'un pour l'autre ! Crois-moi, elle sera encore là demain, et après-demain, sur cette terrasse. Et tous les jours qui suivront !

Alice se pencha à nouveau par-dessus le mur et éclata de rire.

– Enfin, tant que la maison ne sera pas écroulée et les rêves avec !

Nicolas sourit franchement. Sa mère avait un sens de l'humour assez particulier, qu'il appréciait infiniment.

Sa réflexion lui rappelait un passage de *La Promesse de l'aube*, le roman de Romain Gary qu'il avait lu plusieurs fois. Il écrivait qu'à l'aube de la vie l'amour maternel est porteur de tous les espoirs. Il est si fort, si inconditionnel, qu'il donne des ailes et que tout, alors, semble possible. Mais la vie, avec sa cohorte de misères et de déceptions, tient rarement la promesse maternelle.

Il ne se souvenait plus des phrases exactes mais, à ce moment précis, sa mère, toute défaillante qu'elle lui parut parfois, lui donnait confiance et lui prouvait son attachement indéfectible.

Ils passèrent la soirée ensemble, en tête à tête. Cela faisait longtemps qu'ils n'avaient pris le temps de se retrouver ainsi.

Il lui raconta sa mésaventure, sa méprise, et les insultes qui suivirent. Cela n'étonna pas Alice. Elle-même se plaignait de l'irritabilité des Marrakchis. C'était le mois du Ramadan, bien entendu, mais la faim, la soif n'expliquaient pas tout. Les Marocains paraissaient préoccupés par la situation au Moyen-Orient. Les prêches intégristes les conditionnaient davantage que la radio et la télé. Et puis le 11 Septembre était dans toutes les mémoires, tout comme l'Afghanistan et Ben Laden. Certains même s'attendaient à un probable attentat dans un grand hôtel de Marrakech. Dans ses déclarations, dans ses communiqués, Ben Laden ne s'en prenait-il pas au roi Mohammed VI ?

L'employée de maison avait préparé une belle table. Des chandeliers et des bougies parfumées éclairaient joliment la nappe brodée, parsemée de pétales de rose.

Un vrai dîner d'amoureux, agrémenté de plats marocains, salades et tajine, d'une exquise finesse. Pourtant, Nicolas éprouvait bien du mal à chasser la jeune fille de son esprit. Pour être tout à fait honnête avec lui-même, il aurait souhaité qu'elle soit là ce soir, face à lui, à la place qu'occupait sa mère, les yeux dans les yeux, main dans la main, espoir contre espoir. Voilà qu'il divaguait. Mais ce serait tellement divin de tomber amoureux. De se laisser aller à une douce sensation d'osmose et de béatitude. Il savait, non par expérience, pour l'avoir lu dans de nombreux romans, que c'est un état d'euphorie qui ne dure jamais très longtemps. Qu'importe, il lui fallait le vivre. Et puis il savait également par les livres que l'on peut entretenir savamment l'euphorie, tout comme on peut entretenir l'amour par des jeux et des rapports subtils. Un amour bien mené, ce n'est pas un amour champagne. Une fois les bulles évaporées, il reste le goût, l'envie de poursuivre la chimère jusqu'à en souffrir.

Le lendemain matin, Nicolas fut réveillé aux aurores par l'appel du muezzin. Il découvrait que la prière rythmait toute la journée. Vérité première, mais dont il ne prenait conscience qu'à présent. Il ne put se rendormir, tant le visage de la jeune fille lui apparaissait avec précision. Il avait tellement hâte de la revoir. À huit heures, il demanda à Soumia, l'employée, soumise et souriante, de préparer le petit déjeuner. Elle fit mieux. Elle le lui apporta sur la terrasse. Il n'avait pas l'habitude d'être ainsi servi, et trouvait cela exagéré...

Il s'installa dans l'angle propice, et guetta l'apparition. Sa mère le rejoignit vers neuf heures. Il ne prit pas la peine de cacher sa nervosité. Fébrile, il ne quittait pas des yeux l'endroit d'où elle surgirait. À peine fit-il un signe de tête à Alice.

Faisant mine de ne rien remarquer, elle lui passa les bras autour du cou et l'embrassa tendrement.

– Bonjour, mon chéri. Bien dormi ? La prière m'a dérangée à cinq heures. Ce n'est vraiment pas une heure, non mais tu imagines, te rendre à l'église au lever du jour !

– Tu sais, les vêpres, autrefois, commençaient tôt.

– Oui, on peut considérer les choses sous cet angle. Mais c'est étonnant que l'idée ne te dérange pas...

Nicolas marqua la surprise :

– Bien sûr que cela me dérange, mais je suis chez les autres. Ce qui m'irrite moi, les aide à vivre. Allah les habite, Allah les protège, alors tant mieux pour eux ! Allah, c'est leur drogue, leur culture. Et puis tout de même, chez nous, les bigots se comptent encore par millions. D'ailleurs, nos cloches de villages n'ont rien à envier aux muezzins ! D'accord, ici tout le monde croit en Dieu, mais pourquoi pas, après tout ? Il vaut peut-être mieux croire en Allah que ne croire en rien !

– Quelle tolérance tout à coup ! Dois-je te rappeler que tu as fait rayer ton nom des registres paroissiaux ?

– Tu m'en veux encore ? Je ne te savais pas rancunière à ce point !

Alice, par convention, comme beaucoup de parents, avait fait baptiser Nicolas. Il fréquenta l'église, se rendit avec obéissance aux cours de catéchisme, et ne se rebella même pas le jour de sa première communion.

Mais, à l'âge de quatorze ans, il annonça à sa mère qu'il envoyait une lettre au curé de la paroisse pour qu'on le « débaptise ». Elle resta stupéfaite, ne comprenant pas l'importance que son fils accordait à ce qu'elle considérait comme un simple code social. Lui affirmait que son athéisme devait être reconnu de manière officielle. Il ne reçut de réponse ni à sa deuxième ni à sa troisième lettre. À la quatrième tentative, il menaça d'en référer au Vatican. Bien joué. Huit jours plus tard, une missive désolée mais résignée prenait acte de sa décision.

– Je ne suis absolument pas rancunière, répondit Alice, je m'étonne simplement que toi, non croyant revendiqué haut et fort, acceptes ce régime religieux.

– Mais, maman, je viens d'arriver, je n'accepte rien, j'observe, c'est tout. Dis-moi, tu fais un procès au Maroc, à son monothéisme, ou à la jeune fille d'à côté ?

Le visage d'Alice rosit légèrement, signe quasi imperceptible, sauf pour Nicolas, de son trouble.

Vexée, elle lança :

– Tu le prends ainsi ? Eh bien, salut, je vais travailler.

Elle descendit prestement les marches qui menaient au patio. Il l'entendit rassembler quelques affaires dans sa chambre, puis claquer la porte d'entrée.

Il hésitait entre le rire et la stupéfaction : si ce n'était pas une scène digne d'un vieux couple, cela y ressemblait fort. Alice, jalouse de la jeune voisine !

Incroyable, tant sa mère érigeait l'indépendance d'esprit et de corps en principe fondamental.

Et voilà qu'elle partait comme une gamine révoltée !

Elle, toujours si maîtresse de ses actes et de ses paroles. Il la découvrait sous un jour nouveau. Était-ce ce pays qui transcendait les êtres pour les révéler à eux-mêmes, ou bien s'engageaient-ils tous les deux, la mère et le fils, vers un avenir qu'ils ne soupçonnaient même pas ?

Plongé dans ses réflexions, il n'en continuait pas moins de scruter la porte. Il attendit des heures et des heures, rythmées par une seconde prière et par les bruits qui lui parvenaient des ruelles avoisinantes. Des voix, des rires d'enfants, des cris.

Le deuxième appel coïncidait avec l'arrivée du soleil à son zénith, il le devina, tant l'astre « incendiait » la terrasse, malgré ce mois de novembre, le mois onze, comme le désignaient les Marocains.

Et toujours personne. Peut-être ne la reverrait-il jamais ? Peut-être lui avait-elle menti ? Ce truc à côté, qu'on ne pouvait même pas qualifier de maison, tombait en ruine. Personne ne l'habitait.

Et, soudain, un grincement. C'était trop beau pour être vrai, il avait dû l'imaginer, tant son état s'approchait du phénomène de transe. Retenant sa respiration, il ne quittait pas la porte des yeux. Mains moites et cœur battant la chamade, il la vit apparaître, toute de blanc vêtue, comme la veille. Il crut défaillir d'émotion.

Télépathie, osmose, simple envie de prendre l'air ? Quoi qu'il en soit, elle était là. Sa présence était déjà un acte d'amour. Il se précipita vers elle avec un tel empressement qu'elle prit peur et fit un pas en arrière.

Il se raisonna. Il pensa qu'il ne devait pas se montrer si fougueux. Surtout ne pas l'effrayer, tout mettre en œuvre pour la connaître, et lui donner envie de revenir, encore et encore.

– Bonjour !

– *Salam Ealaykoum. Kif dayr ? La-bàs ?*

– Excuse-moi, je ne parle pas ta langue.

– Oh, ce sont juste des salutations d'usage. Je te demandais si tu vas bien.

– Mais...

Il était décontenancé. Il pensait à elle sans arrêt depuis la veille, et voici qu'elle arrivait, détachée, aérienne. Comment pouvait-elle poser des questions aussi anecdotiques ? Non, il n'allait pas bien. Il brûlait, se consumait. Bon, du calme. Tout à coup, il la sentit hésitante. On aurait dit qu'elle cherchait du regard un endroit où se réfugier. Il se dit qu'il la voyait à travers ses propres tourments.

Il s'efforça de prendre un air décontracté.

– Je vais bien, merci, et toi ?

– Très bien quelquefois. Pas bien d'autres jours.

– Mais aujourd'hui ?

– Aujourd'hui, j'ai faim. Toi, tu peux manger. Pour moi, c'est interdit.

Il dit :

– Ce doit être dur, le Ramadan ? Il n'y a pas d'exception ?

– Si, pour les malades. Et puis aussi pour...

Elle ne termina pas sa phrase. Il la sentit gênée. Il insista :

– Pour les enfants ?

– Les enfants, oui, bien sûr.

Elle hésita, détourna les yeux, et emballa ses mots :

– Et puis aussi pour les femmes qui saignent.

Il ne comprit pas tout de suite.

– Tu veux dire les femmes qui se sont coupées en faisant la cuisine ?

Elle rougit et précisa :

– Non, je veux parler des femmes qui saignent du ventre.

Il eut honte de sa naïveté, mais demanda quand même :

– Elles sont dispensées de Ramadan, mais pourquoi donc ?

– Pourquoi ? répéta-t-elle. Mais parce que saigner rend la femme faible. Alors, on l'autorise à manger. Elle doit cependant rattraper les jours de jeûne après le Ramadan.

Il s'informait. En vérité, il se fichait du Ramadan. Il la questionnait pour qu'elle reste le plus longtemps possible auprès de lui, malgré ce muret qui les séparait. Ils n'avaient qu'un pas à franchir, deux petites marches de rien du tout, pour se retrouver au même niveau. Ni l'un ni l'autre n'oserait enfreindre ce tabou.

Il dit :

– Et toi, tu fais Ramadan depuis longtemps ?

– C'est ma quatrième année.

Sa franchise le désarmait. Elle saignait donc depuis quatre ans ? Il disait n'importe quoi, juste pour l'entendre. Il aimait son accent, sa voix si féminine. Avec elle, le français devenait la langue la plus douce du monde.

Il dit :

– Ah bon, quatre ans seulement ? Pourquoi ?

– Depuis que je suis une femme.

Il se sentit stupide. Il voulut se rattraper et dit :

– Tu es la plus belle femme de Marrakech ! Tu devrais être princesse. Et même reine !

– Mais il n'y a qu'un seul roi, et il vient de se marier.

Il s'enhardit.

– Et si tu étais ma reine à moi, juste comme cela, par jeu ?

– Mais toi, tu n'es pas roi !

– Non, bien sûr, mais on peut imaginer...

Elle sourit et demanda :

– Tu serais le roi de quel pays ?

– Le pays des songes.

Surprise, elle s'exclama :

– Quoi, le pays des singes ? ! !

Il se mit à rire.

– Mais non, pas les singes, les songes !

– C'est quoi, un songe ?

– C'est un rêve éveillé.

Il s'aperçut qu'elle ne maîtrisait guère le français. Elle donnait parfois un autre sens aux mots. Désormais, il devrait faire attention, être plus clair.

– Où as-tu appris le français ?

– Avec mon grand-père. C'est un grand lettré, un passionné de littérature arabe, mais il lit aussi dans ta langue les écrivains français. Je l'aime plus que tout au monde. Il a essayé de me transmettre un peu de sa science mais je n'ai ni son intelligence ni sa patience.

Nicolas était stupéfait : vraiment, cette jeune fille était

unique. Elle surgissait d'un tas de pierres, belle comme une déesse, et voici qu'elle parlait de philosophie.

Il fut pris d'une sorte de vertige. Incroyable, ils discutaient ensemble pour la deuxième fois et il ne connaissait même pas son prénom.

– Tu t'appelles comment ?

– Salma.

Salma, cela lui rappelait *De la part de la princesse morte*, un roman que sa mère lui avait prêté. Il dit :

– C'est beau, Salma.

Intérieurement, il chantonna le prénom. Il sonnait comme une promesse de bonheur.

– Salma, cela signifie « la paix ».

Elle devança la question :

– Et toi ?

– Moi, c'est Nicolas.

– Nicolas, c'est drôle. Ça fait comme Coca-Cola, remarqua-t-elle.

Elle fut prise de rire, mais il ne s'en offusqua pas. Il pensait à son prénom à elle. Il se disait que le prénom porte et emporte celui à qui il est destiné.

– Tu habites ici avec tes parents ?

– Avec ma mère.

– Votre père n'est pas avec vous ?

Elle hésita avant de répondre :

– Non, il est mort.

– Ah bon, excuse-moi ! Tu l'aimais ?

– Je ne pouvais pas l'aimer, je ne l'ai pas connu.

– Il est mort avant ta naissance, alors ?

– Oui, il est mort plusieurs années avant. Mais c'est difficile à comprendre, c'est spécial.

Sans y prendre garde, il sourit.

– Tu veux dire quelques mois.

– Non, exactement cinq ans avant que je vienne au monde.

Il crut que la reine se moquait du roi.

– Effectivement, je ne comprends pas.

– Je suis une Ragd.

– Excuse-moi, peut-être que je suis très bête, mais c'est quoi une Ragd ?

– Un Ragd, c'est un bébé dormant, expliqua-t-elle, un brin pédagogue, je vais te raconter. Ma maman est veuve. Mon papa est mort accidentellement en l'an 1410 de l'Hégire, 1982 pour vous. Et moi, je suis née en 1987, soit cinq ans après le décès de mon père.

Nicolas resta stupéfait.

– Mais voyons, c'est illogique !

Elle prit un air courroucé.

– Illogique, tu trouves ? Mais pas du tout. Au contraire, c'est très logique, tout à fait naturel !

Il fut ébranlé : et si sa merveilleuse reine était un peu fêlée dans sa tête ?

Elle dut lire la perplexité dans son regard.

– Laisse-moi te dire, ensuite tu jugeras. Il y a beaucoup de Ragd au Maroc, je ne suis pas un cas à part. Cela signifie que ma mère me portait dans son ventre depuis des années. J'y dormais, en toute quiétude, à l'abri, bien au chaud, jusqu'au jour où j'ai décidé de naître. C'est aussi simple que cela.

Nicolas ne sut que dire. Elle paraissait si sincère et si sûre d'elle qu'il ne pouvait douter de son histoire. Non, elle n'était pas fêlée. Elle était Ragd comme elle était reine. Pas la peine de la contrarier. Il se renseignerait. N'abordait-il pas un autre monde, une autre civilisation ?

Il comprit que s'il partait à sa conquête, comme il le

souhaitait, il lui faudrait commencer par vaincre son pays, et s'imprégner de l'islam. Cela ne lui plaisait pas vraiment. Pour elle, cependant, il accepterait d'étudier le Coran, quitte à devenir un pilier de mosquée. Il se voyait déjà avec barbe et calotte, récitant des versets. Par amour, il irait jusqu'à se parjurer, jusqu'à se renier, jusqu'à disparaître entièrement de lui-même. Vaste programme. C'est lui qui était fêlé, pas elle ! Ses emballements, ses fougues soudaines, tenaient de la folie. Cette fois, face à cette beauté, il se sentait l'âme aventureuse. Il s'imaginait en guerrier, en missionnaire, en prédicateur. Oui, il allait tout appréhender, tout regarder, tout analyser, tout entendre.

Elle le regardait, perplexe, comme si, magicienne, elle lisait au fond de lui. À nouveau, il pensa qu'il ne fallait pas l'effrayer. À vrai dire, c'est lui qui paniquait. Peur qu'elle ne le quitte, qu'elle redescende brusquement au rez-de-chaussée. Peur de ne plus la revoir. Il ne se trompait pas. Au même instant, du patio voisin, on l'appela. Une voix de femme, un ton rauque et autoritaire.

– Salma ! Salma !

Légère, indifférente, elle dit :

– C'est maman. Elle a besoin de moi.

– S'il te plaît, attends encore un peu...

– Non, il faut que je l'aide à la cuisine.

Il répéta :

– S'il te plaît, une minute, pas plus !

Il avait conscience d'être ridicule, presque implorant. On s'en fout de la cuisine, aurait-il voulu lui lancer. Ce qui compte, c'est nous. Je veux tout connaître de toi. Tout. Je veux t'approcher, te toucher, t'effleurer, caresser tes cheveux, humer ton parfum.

Au lieu de quoi, il osa :

– On se revoit quand ? Dis-moi, c'est possible, demain à la même heure ?

Elle le regarda, mi-étonnée, mi-malicieuse.

– Nous revoir ? Eh bien, je suppose que c'est possible.

Il insista. Il en remettait :

– Si je ne te vois pas demain, je me tue !

Elle n'eut pas l'air de comprendre. Elle semblait n'accorder aucune importance à leur rencontre. Serait-elle insensible à ce point ? N'éprouvait-elle aucun sentiment, ou bien les cachait-elle sous une belle indifférence ? Enfin, la reine parla :

– Non, pas comme aujourd'hui. À l'heure du ftor, si tu veux.

– L'heure de quoi ?

– Tu sais bien, le ftor, la rupture du jeûne.

– Tu veux dire comme hier soir ?

– C'est cela, au coucher du soleil. Juste avant notre petit déjeuner à nous.

Elle ajouta :

– Tu sais, le Ramadan, c'est un peu le monde à l'envers...

Elle l'observa d'un air sérieux, et dit :

– Toi aussi, tu fais les choses à l'envers !

Il aurait aimé qu'elle s'explique. Elle préféra partir aussi prestement qu'elle était arrivée.

Elle ne marchait pas, elle virevoltait, toute de grâce et d'innocence.

Il resta encore un moment sur la terrasse à regarder l'Atlas qui émergeait des brumes. Brouillard, ou pollution ? se demandait-il. Sans doute les deux : un brouillard blanchâtre, une pollution bleutée.

Il n'arrivait pas à se défaire de Salma. Elle était en lui comme un bébé dormant. Quelle drôle d'histoire. Était-ce vrai ? Était-ce faux ? Y croyait-elle ou faisait-elle semblant ? Il pensa appeler sa mère pour lui demander son avis, mais à quoi cela servirait-il ? Il entendait d'ici le rire incrédule d'Alice.

Qu'allait-il faire maintenant ? Devait-il rester là, à attendre Salma pendant des heures ? Tout un après-midi, ou une éternité. Comme hier. Ne devrait-il pas se secouer un peu et aller à la découverte de la ville ? Connaître Marrakech l'aiderait sans doute à mieux saisir Salma. Alors d'accord, il allait bouger, s'instruire, entrer dans les mœurs, dans les coutumes. Oh, pas par effraction, comme un vulgaire touriste qui vient, qui prend, qui achète, puis qui repart. Lui, il allait pénétrer ce pays par la voie royale : la voie livresque.

Sitôt pensé, sitôt agi. Il descendit deux par deux les marches des escaliers, déboula dans le patio, essaya d'expliquer à la servante qu'il ne déjeunerait pas ici. Il sortait, il rentrerait en fin d'après-midi. Malgré ses gestes, ses mimiques, elle ne comprit pas grand-chose. Qu'y avait-il à comprendre, d'ailleurs ?

Il se lançait à l'assaut du Maroc. Aucune gesticulation ne pouvait expliquer cela. Il ouvrit la porte et lança un sonore « *slama* ». *Slama*, cela voulait dire « au revoir ». Tiens, ça ressemblait à Salma. Juste une lettre déplacée.

La ruelle dans laquelle se situait le ryad loué par sa mère était particulièrement étroite. Le terme « venelle » convenait d'ailleurs mieux. La veille, le taxi pris à l'aéroport les avait déposés, sa mère et lui, sur la place Jemaa-el-Fnaa. Là, ils chargèrent leurs bagages dans une *carossa*, qui, comme son nom ne l'indiquait pas, n'avait rien d'un carrosse. Il s'agissait d'une charrette en fer, cabossée de toutes parts, tirée à dos et à bras d'homme. Plus exactement par un pauvre vieux fatigué et usé, qui se faufilait à grand-peine parmi la foule pressée d'accéder à la place en cette fin d'après-midi. Il savait, pour l'avoir lu, que tous les soirs, depuis des siècles, c'était ainsi. Une sorte de rituel, un flot humain déboulant au cœur de la ville. La Médina se vidait pour quelques heures de tous ses habitants. Une marée, un flux et un reflux où chacun est emporté par la foule quand il n'est pas lui-même foulé aux pieds.

Après s'être égaré une ou deux fois, Nicolas sortit du derb. Le mot « derb » désignait cet ensemble de ruelles qui s'enchevêtraient et dont la plupart aboutissaient à des culs-de-sac. Le tout formait comme un mini quartier biblique. Encore qu'il serait plus juste de dire un quartier coranique. Il n'aurait su dénombrer les habitations qui composaient le secteur, visiblement une petite centaine. Il passa devant de nombreuses portes, parfois simplement belles, parfois trop neuves et anodines pour raconter quoi que ce soit. Certaines, plus ou moins ouvragées, arboraient souvent en leur centre un heurtoir en forme de main très fine. La main de Fatima.

D'autres n'étaient que blocs de fer gris ou vert. Cela ne signifiait pas qu'il n'y avait rien d'intéressant derrière. Ce n'était souvent qu'un pauvre patio pas même arboré d'un figuier, deux ou trois pièces crasseuses où s'entassaient des sommiers défoncés. Bien des portes cachaient la misère.

En revanche, d'autres tout aussi nombreuses recelaient de petits palais, des jardins luxuriants, des fontaines de marbre ou d'albâtre. Nicolas n'en savait encore rien. C'était sa seconde sortie, mais, à chaque porte poussée, c'était la surprise, la loterie. Aucun œil, même le plus averti, n'est capable de repérer à l'avance ce qui se dissimule derrière les murs de la Médina. En revanche, à l'odeur, on devine ce que l'on cuisine. Cela sent bon les plats mijotés aux épices, les tajines, les couscous, les briouates. À quelques endroits pourtant, l'odeur forte des fosses septiques prend le dessus sur la menthe et la coriandre.

Nicolas fut surpris par le nombre de gosses qui jouaient dans ces ruelles étroites. Ballons, boîtes de conserve, bouts de bois, pelotes de ficelle, bouteilles de plastique, tout était shooté et reshooté. Gare aux passants ! Beaucoup de cris, de rires, de chahut. La bonne humeur. Une formidable vitalité !

Nicolas continua son chemin, et gagna une rue très large, bien pavée. Elle était bordée d'échoppes, de petits commerces où l'on vendait trois fois rien, mais aussi de boutiques cossues regorgeant d'objets d'artisanat. Des tapis, bien entendu, des anciens, des récents, bien empilés. Des sacs à chameau décorés de motifs ésotériques. À chacun son signe, la marque de la tribu.

Des lampes en peau de chèvre ou de mouton, des babouches, tee-shirts, caleçons, chaussettes, costumes de danseuse orientale, bijoux en toc, colliers traditionnels ou non, boîtes en bois, en métal, bougeoirs en verre, en fer forgé, djellabas. Tout cela se côtoyait et s'étirait à profusion jusqu'à la Grande Place. Nicolas en avait le tournis. Un inventaire à la Prévert. Mais encore, au milieu de ces bazars, on tombait sur des galeries, où étaient exposés de vrais bijoux ethniques, les uns authentiques, les autres copiés sur des modèles anciens. Parmi ces « trésors » berbères figuraient aussi des colliers, des bracelets hindous et népalais, toute une drouille rapportée de Katmandou ou de Lhassa par quelques négociants pas très regardants sur l'origine. On trouvait même des parures afghanes ou guatémaltèques.

Nicolas n'y connaissait rien. Il admirait tout de même certains objets de bon goût, qui attiraient l'œil. Peu importe la provenance. Et bien malin l'amateur qui pourrait distinguer une belle pièce berbère garnie de corail, d'amazonite et de boules d'argent, d'un collier tibétain fait des mêmes matières.

À chaque arrêt, les vendeurs hélaient Nicolas :

– Eh, le gazou !

Il se rappelait avoir lu dans le guide qu'ici on appelait les filles des gazelles. C'était sûrement le masculin du même nom. Bon, il n'allait pas s'arrêter à ce point de grammaire. Pour l'heure, il se rendait à la place afin d'y prendre un taxi. S'il se souvenait bien, ce n'était pas compliqué, il fallait avancer toujours tout droit.

Un peu plus tard, pressuré par la foule, les charrettes et les mobylettes, lesquelles, comme les voitures, ont priorité sur les piétons, il arriva en vue de la place. Il savait l'endroit mythique.

Depuis peu, d'ailleurs, la Place était classée « patrimoine mondial de l'oralité », et non de l'humanité, bien qu'une humanité s'y bouscule en fin d'après-midi et jusque très tard. Touristes, évidemment, et de toutes nationalités, de tout gabarit, de toutes classes sociales, des Fram, mais aussi des Mamounia.

N'empêche, dans ce flot humain composé surtout de montagnards, paysans, manœuvres, les touristes disparaissaient aisément. On finissait même par ne plus les voir, quand bien même le drapeau des guides flottait plus haut que les têtes, histoire de se faire repérer par les retardataires en perdition ou en marchandage.

Nicolas découvrait l'extraordinaire animation de ce que certains nomment quelquefois à tort la « cour des Miracles », ou alors il faut prendre le « mot » dans le sens de « miraculé », car nombre de sorciers, installés sous des parasols branlants, dispensent, dès le matin, des remèdes à base de plantes, de poils de chèvre, de peau de serpent, de poudres étranges. Chaque sorcier a sa spécialité : ventre et estomac, gorge et poumons, brûlures, coupures, fatigue, panne sexuelle, maux de tête, de dents, cancers, sida. Toutes ces affections sont donc traitées sur la Place.

Bien entendu, nous ne sommes pas dans l'oralité pour rien. De nombreux conteurs s'expriment devant un public fasciné par les mots. La plupart des auditeurs, tout comme les conteurs, ne savent ni lire ni écrire. En revanche, ils savent parler, séduire, et écouter des heures durant les fables et les histoires que l'on se transmet en pays berbère de génération en génération. Et puis, il y a les conteurs modernes, et même les bonimenteurs, ceux qui inventent et qui brodent sur l'actualité, sur la marche du monde. Ces derniers sont prudents : la police veille.

Nicolas allait de l'un à l'autre, gentiment bousculé par les porteurs d'eau vêtus de rouge avec leur grand sac de cuir incrusté de pièces de monnaie.

Les Gnaouas, des musiciens originaires du Soudan, mais qui ont fait souche au Maroc depuis des siècles, notamment à Essaouira, importunèrent le jeune homme, en faisant tourner jusqu'à l'effleurer leurs longs bonnets au rythme des tambourins.

– Dirham, dirham, donne-moi quelque chose !

À l'un d'eux qui insistait lourdement, Nicolas jeta :

– Basta, fiche-moi la paix !

Il le regretta aussitôt. Nicolas n'aimait pas être pris pour un touriste. Il était bien plus que cela. Il habitait la Médina, il aimait une fille arabe. Toute une vie déjà !

À cette heure de la journée, on pouvait encore éviter les charmeurs de cobras ou de mygales, les diseuses de bonne aventure, les vieilles moukères qui décorent pieds et mains d'un henné un peu trop délavé.

Fasciné par l'ambiance et le martèlement continuel des tambours, Nicolas traversa la place, suivi d'un gamin morveux qui le tirait par son pantalon.

Se méfiant des pickpockets, il se mit à râler et envoya balader le gosse.

Ruse ou vraie chute, le petit s'étala à terre. Aussitôt, comme la veille, il fut pris à partie par les témoins de la scène.

– Ici, au Maroc, on n'a pas le droit de battre un enfant.

– Un enfant, c'est sacré, changez donc de comportement !

– Au Maroc, il n'y a pas d'enfants martyrs. Bien entendu, nous avons aussi nos martyrs, mais ce sont des adultes. Eux, au moins, ils savent pourquoi.

Nicolas ne répondait pas. Il pensait au livre d'Ahmed Marzouki, *Tazmamart, cellule 10*, qu'il avait dévoré en pleurant à chaque page. Tazmamart, c'était un bagne dans lequel Hassan II enfermait les conspirateurs ou les prétendus responsables de complots. Marzouki en était sorti vivant au bout de dix-huit ans, mais dans quel état !

Pour se racheter, Nicolas donna une pièce de dix dirhams au petit simulateur. Ravi, celui-ci le prit par la main et l'emmena un peu plus loin voir son père qui exhibait un singe dressé. Là, c'était Vitalis, de *Sans famille* : Vitalis et Rémi. Il ne manquait que la maman riche et le bateau sur la rivière.

Tandis qu'il regardait avec pitié le pauvre macaque faire le singe, un Gnaoua se mit à danser autour de lui en secouant fébrilement sa tête. Ainsi, le pompon rouge qui ornait le bonnet bordé de coquillages suivait la cadence. La tradition voulait que l'on mette une pièce dans la sébile, mais là encore Nicolas ne donna rien. Donner, c'est bon pour les touristes. Lui, maintenant, c'était un Marrakchi. Et les Marrakchis ne donnent qu'aux mendiants. En vérité, Nicolas était assoiffé. Il chercha des yeux un étal, mais, en ce mois de Ramadan, les vendeurs de jus se faisaient rares. En effet, un musulman doit s'abstenir de boire et de manger du lever du jour au coucher du soleil.

La diète rend les gens nerveux, à plus forte raison celui qui presse le jus et qui en meurt d'envie, comme celui qui travaille dans la restauration pour touristes impies. Parfois, cela s'apparente à la torture.

À propos de torture, Nicolas se souvenait d'une déclaration ahurissante. Non, ce n'était pas dans *Tazmamart, cellule 10*, mais dans un bouquin écrit par le général Massu alors qu'il commandait en Algérie. L'un de ses copains le lui avait passé. Massu se vantait d'avoir essayé la baignoire d'eau glacée avec les pinces de la gégène branchées sur les testicules. Certes, il trouvait cela désagréable, mais les décharges électriques ne provoquaient pas une douleur insupportable.

L'un des officiers qui félicitait Massu d'avoir expérimenté lui-même cette gégène, si redoutée des fellagas, s'entendit dire :

– Mon cher, lorsqu'on est torturé, le plus dur n'est pas la souffrance endurée, c'est de se demander quand cela va s'arrêter ! Or, moi, voyez-vous, je pouvais interrompre ma torture à tout moment.

La gorge en feu, Nicolas fendit le groupe des Gnaouas qui s'attaquaient à d'autres touristes, et se dirigea vers les étals d'où débordaient oranges, dattes, noix, figues et cacahuètes.

De jeunes vendeurs trafiquaient les jus jaunâtres en les coupant d'eau minérale.

– Un verre, gazou, pour te rafraîchir ?

– D'accord.

– T'as de la chance, nous, on doit attendre la première étoile !

– Et si tu bois quand même ?

– Pas possible, on serait obligés de rendre des comptes à Allah !

Nicolas but en fermant les yeux. Cela ressemblait à l'orange, mais ce n'était pas de l'orange. Il le prit bien et se mit à rire.

– Combien te dois-je ?

– Quinze dirhams.

Il se douta que le prix annoncé dépendait de la tête du client, mais ne protesta pas. En période de Ramadan, les gens n'ont pas assez d'énergie pour marchander.

Revenant sur ses pas, il fut pris de pitié pour un cheval blanc d'une maigreur effrayante. Le charretier, un vieillard, n'allait guère mieux. Cela laisse entendre que le cheval avait l'âge de l'homme, ce qui est impossible. Homme et bête mourraient ensemble.

Alice s'inquiétait souvent de sa propension à compatir aux malheurs des autres : les animaux, les pendus, les fusillés, les pauvres, etc., etc. Elle disait qu'il portait sur ses épaules la misère du monde. Elle lui disait aussi de se blinder, que l'existence n'est pas douce, qu'il faut savoir se défendre, ne pas trop souffrir. Que chacun a son lot de malheurs et qu'ils arrivent tôt ou tard. Cela n'empêche pas les gens de sortir, de s'amuser, de s'aimer, de penser à son petit bonheur personnel.

Un mauvais goût dans la bouche, Nicolas aperçut des taxis qui maraudaient autour du café l'Argana. Pour les rejoindre, il dut traverser le coin des gris-gris. Il se détourna des cadavres de souris et de rats, étalés à même le sol et desséchés par le soleil. Il y avait aussi des peaux de serpent et de lézard, et plein de fioles de toutes les couleurs prêtes à l'emploi. Bien malin celui qui aurait pu deviner les ingrédients médicamenteux qui les composaient.

Un bonimenteur attirait la foule. Près de lui, comme indifférents au brouhaha alentour, six hommes, aveugles, assis sur des tabourets de fortune, attendaient l'obole.

Non loin, au milieu des taxis, se trouvaient les calèches alignées à la queue leu leu. Elles avaient fière allure même si leurs sièges capitonnés de cuir paraissaient bien usés. Prises entre cars et camions, elles donnaient à la ville un côté charmant et désuet. C'était un peu comme Jodhpur au Rajasthan, sauf que Jodhpur battait de loin Marrakech. À Jodhpur aux feux rouges, par exemple, il n'est pas rare de voir côte à côte camions, voitures, vélos, motos, attelages de chameaux et d'éléphants.

Nicolas prit le premier taxi de la file. Il s'assit à l'arrière sans dire bonjour et annonça, conquérant :

– À la bibliothèque !

Il sourit en lui-même, et ajouta :

– Faites vite, je suis en retard.

Naturellement, personne ne l'attendait, mais il avait hâte de vérifier l'histoire du Ragd.

Absolument inconscient de l'enjeu, le chauffeur demanda :

– *Kifach ?* Comment ?

– Je vais à la bibliothèque.

– Laquelle ?

– Eh bien, il existe sûrement un lieu dans cette ville où sont conservées les archives, dit-il d'un ton trop précieux.

L'autre maugréa :

– Je ne comprends pas. Municipalité ? La mairie ?

Nicolas s'arma de patience. Il dit :

– Je veux aller dans un endroit où on peut voir des livres.

– Tu veux dire dans une librairie ?

– Éventuellement, oui, mais je préférerais une vraie bibliothèque.

Il expliqua :

– Je veux voir des livres dans lesquels on parle des Ragd.

– Des rats, tu veux voir des rats ? C'est pas ce qui manque ! Au Maroc, il y a des rats partout, même au palais Royal. Mais là, ils ont des dératiseurs professionnels.

Nicolas éclata de rire.

Le chauffeur haussa les épaules et brancha son compteur. Prise en charge 1,40 dirham remarqua Nicolas. Il était certainement vexé puisqu'il ne prononça plus un mot. Il conduisait par saccades.

Le trafic stupéfiait Nicolas. Dans le Guéliz, la ville moderne construite par Lyautey, les voitures se succédaient dans un ballet ininterrompu. Mais le plus surprenant restait cet ensemble de véhicules particuliers, de cars et de camions, au milieu desquels circulaient des charrettes tirées par des ânes, des calèches et leurs cochers imperturbables. Ajouté à cela les vélos, les scooters, les mobylettes, on obtenait une pagaille absolue. De temps en temps, un audacieux s'y aventurait en skate ou en patins à roulettes. Nicolas n'en croyait pas ses yeux. Le spectacle, entre Moyen Âge et Temps modernes, valait son pesant de surréalisme.

À Marrakech, griller les feux était un sport national et le chauffeur ne s'en privait pas. L'orange avait visiblement aussi peu de sens que le rouge. Personne non plus ne semblait connaître la signification des stops. Encore moins des priorités à droite. Quant aux piétons, l'automobiliste qui n'en bouscule que trois ou quatre dans sa vie est digne d'obtenir la médaille du meilleur conducteur.

Nicolas pensa que la vérité d'un pays ne se trouve pas seulement dans les livres. Au milieu de cette ville en folie, il eut l'impression de saisir quelques menus indices, quelques petites choses indicibles. De ces riens qui font la réalité d'un peuple et de sa terre.

Le chauffeur s'arrêta devant un bâtiment vétuste, orné d'un frontispice sur lequel était gravée une phrase en arabe, qu'il ne comprit évidemment pas. Il resta assis à l'arrière du véhicule, persuadé que le taxi se trompait d'endroit. Ce dernier s'impatienta :

– C'est là. Ça fait quinze dirhams.

– Ici, tu es sûr ? Tu dois te tromper. Ce n'est sûrement pas la bibliothèque d'une ville aussi prestigieuse que la tienne. Une bibliothèque doit refléter la richesse historique d'une ville ! L'érudition du peuple !

L'érudition devint « la rue de Sion ».

Le chauffeur s'emporta :

– La rue de Sion, non mais qu'est-ce que vous croyez ? On n'est pas à Jérusalem ici, on est à Marrakech !

Nicolas s'amusait. Décidément, l'érudition n'était pas à l'ordre du jour. Il ne releva pas. Le chauffeur était pressé de trouver une autre course. Il insista, faisant mine d'ouvrir la porte arrière.

– Tu peux dire tout ce que tu veux, la bibliothèque de Marrakech, c'est ici !

Nicolas fouilla dans sa poche, lui tendit quelques pièces, puis descendit. Il ne pouvait croire que cette ville qu'il imaginait si fastueuse fût dotée d'un lieu culturel si minable. L'intérieur serait certainement à l'avenant.

Il acquitta un droit d'entrée de cinq dirhams auprès d'un gardien qui se réveillait peu à peu d'une sieste.

« Drôlement surveillés, les manuscrits ! songea Nicolas. Cela vaudrait le coup de faire un hold-up ! »

Il avança de quelques pas et se retrouva dans un petit patio, qui, bien entretenu, aurait pu être beau. Au lieu de quoi les herbes hautes et jaunies étouffaient un bananier qui, doté de la parole, aurait hurlé « à boire ! » jusqu'à plus soif.

Nicolas pénétra dans la première salle du rez-de-chaussée. Il hésita entre le rire et la désolation. Sur des étagères de guingois, quelques livres de John le Carré et

Mary Higgins Clark. Plus loin, des auteurs arabes traduits en français. Maalouf, Ben Jelloun, Mernissi. Il entra dans la seconde et dernière pièce. Sous la dénomination « Histoire », bien prétentieuse, il ne trouva que des livres scolaires, qu'il feuilleta négligemment. Il savait les imperfections de ce genre d'ouvrages, truffés de raccourcis, approximations et mensonges. Il parcourut la salle du regard. C'était tout !!! Bravo pour les rues de Sion ! Pas de quoi faire un hold-up !

Il se traita d'idiot, de naïf incurable. Comment avait-il pu croire que les choses seraient aussi faciles ? Qu'il suffisait de claquer des doigts pour s'imbiber de la culture du pays ? Ou de flirter sur une terrasse avec une jeune fille pour la conquérir ? Quelle présomption ! Quelle méconnaissance de la vie !

« Un jeune con », aurait dit Alice. Il grimaça. Elle avait souvent raison, au grand agacement de Nicolas.

Déçu, il sortit du bâtiment. Il était si dépité qu'il décida de rentrer à pied. Rien de tel qu'une bonne marche pour éclaircir ses idées. Il lui arrivait souvent, à Paris, d'aller au hasard, n'importe où, simplement pour prendre le temps de penser, de rassembler ses idées.

Il descendit l'avenue Mohammed-V, cette grande artère qui traverse la ville de la Médina jusqu'au Guéliz : des hommes, rien que des hommes, partout des hommes. Les cafés ne servaient pas à boire entre cinq heures du matin et six heures de l'après-midi. Il n'empêche, c'était plein d'hommes autour des tables vides. Pas une femme, pas un foulard islamique.

Impossible de se perdre, même en empruntant des rues parallèles. Partout, la Koutoubia, tel le phare d'Alexandrie, guide le voyageur.

Arrivant à sa hauteur, Nicolas tourna à gauche, vers le Ksour, quartier des anciens palais, situé juste derrière Jemaa-el-Fnaa. Il avançait à grandes enjambées, le cœur et la tête emplis d'espoir, puisqu'il la retrouverait ce soir.

Parce qu'il était blond, élégant, racé, tout le monde remarquait ce jeune homme au short couvert de poches. Lorsqu'il passait devant les boutiques, les marchands le sollicitaient :

– Bonjour, mon gazou, tu viens boire un thé ?

Il n'y prenait plus garde, se contentant de répondre d'un sourire ou d'un hochement de tête. Certaines fois, l'invitation paraissait ambiguë. La plupart du temps, c'était amical et drôle :

– Tu veux les babouches climatisées ?

– Un tapis volant, c'est moins cher que l'avion !

– Do you speak français ?

– Tiens, gazou, gratuit pour toi ! Tu rentres avec rien, tu ressors avec tout !

Il arrivait à l'entrée du derb lorsqu'il entendit :

– Ta mère est très belle. Je l'ai vue passer tôt ce matin. C'est bien ta mère, n'est-ce pas ?

Il regarda l'homme. Entre deux âges, les traits épais, les yeux vifs, il portait une djellaba carmin. Ce n'était pas commun pour un homme. D'ordinaire, les couleurs restaient sobres : blanc, noir, bleu marine.

– Oui, c'est ma mère. Pourquoi cette question ?

Il se rendit compte qu'il adoptait un ton agressif. L'autre « désamorça » d'un large sourire.

– Par simple curiosité. C'est une question anodine. Je vous ai vus arriver ensemble hier et j'ai trouvé que vous formiez un très beau couple. Vous vous ressemblez beaucoup. Tu es au moins aussi beau qu'elle.

Nicolas ne savait comment réagir. L'inconnu, langage

châtié, le flattait visiblement, et cela le mettait mal à l'aise. Mais peut-être voulait-il juste lui faire plaisir. Perplexe, Nicolas le dévisageait. Il n'aurait su dire quoi, mais quelque chose dans sa physionomie lui déplaisait. Peut-être son regard, quelque peu fuyant.

L'autre sentit son hésitation. Il dit :

– Je m'appelle Mohamed, mais on me surnomme Moha, c'est moins commun. Parce que tu sais, ici, tu sors dans la rue, tu cries « Eh, Mohamed », et tout le monde se retourne.

Cela ne fit pas rire Nicolas. Moha proposa :

– Veux-tu un thé à la menthe ? Celui de l'hospitalité, en guise de bienvenue ? Je suis là, dans la boutique des tapis !

Comme Nicolas esquissait un geste de refus, le type le coupa net :

– Dans la Médina, un thé, ça ne se refuse pas.

Le ton était presque cassant. Malgré lui, Nicolas accepta et entra dans la boutique. Toutes sortes de tapis, des Chichaoua, des kilims, des anciens, des modernes, de toutes tailles, y étaient soigneusement empilés. Il y en avait peut-être trois ou quatre cents, tissés main, un travail énorme, fourni par les femmes des tribus berbères.

L'autre lui vantait la qualité et la rareté de certaines pièces. Il ne racolait pas. Il expliquait. Il aimait son métier.

À terre, un grand kilim bleuté de chez les Aït Bougmez permettait de s'asseoir. Des coussins de brocart étaient installés autour d'une table basse. Bien que sur ses gardes, Nicolas appréciait. Le bonhomme était plutôt fin d'esprit, épais de taille, le regard franc, l'œil droit peut-être un peu trop caressant.

Sans prendre conscience de l'incongruité du sujet, ou simplement pour dire quelque chose et ne plus se sentir mal à l'aise, il lança :

– Je viens de la bibliothèque. Je ne comprends pas comment un pays comme le tien, aussi riche culturellement, peut montrer au public des ouvrages si dénués d'intérêt.

L'homme esquissa un bon sourire et dit :

– Tu sais, ici, les musées, ils sont chez de riches particuliers. Plutôt à Casa et à Rabat, d'ailleurs. À un moment donné, il y a eu tant de corruption, tant de trafics, que les plus nantis se sont servis à gogo.

– Et toi ?

L'autre répondit franchement :

– Moi aussi, mais un peu moins que certains.

Ce disant, Moha claqua dans ses mains et commanda thé et pâtisseries à un jeune homme très efféminé qui n'adressa pas le moindre regard à l'invité. Il avait un air de chien battu.

– C'est ton fils ?

– Non, c'est un ami.

Moha réfléchit un moment et ajouta :

– Comment dit-on, chez toi ? Ah oui, on dit un « petit ami » !

Nicolas était stupéfait par la franchise du bonhomme. Il détourna aussitôt la conversation.

– Je te parlais de la bibliothèque municipale. Les livres sont nuls, les locaux vétustes, le tout désolant.

L'homme se retourna vers lui, les yeux perçants.

– Notre pays est riche culturellement, certes. Tu le découvriras par toi-même. Les palais, les ryads, les jardins, les demeures plusieurs fois centenaires, sont là pour en témoigner. Mais tu verras aussi des gens dans une misère absolue, à la ville encore plus qu'à la campagne. Et là, tu comprendras que l'érudition n'est pas le souci premier des Marocains. Seule l'élite peut se permettre d'étudier les arts.

– D'accord, répondit Nicolas, mais les musées, c'est fait pour le peuple.

Cela sonnait comme une leçon. Nicolas, qui n'avait rien d'un pleutre, comprit pourtant que mieux valait ne pas insister. Homo, l'homme lui inspirait une certaine crainte. Il se méfiait des mains baladeuses.

Récemment, des amis de sa mère, des antiquaires, l'avaient déjà touché. Ce n'était pas du tout à son goût.

Moha lui tendit un verre de thé à la menthe et l'engagea à s'asseoir.

Il s'adossa contre une pile de tapis. C'étaient des kilims, assez précieux.

Maladroitement, Nicolas trempa vite ses lèvres, et se brûla.

– Attention, c'est toujours très chaud. Tes lèvres sont trop belles et douces pour les abîmer.

Nicolas jugea la phrase et le sourire vraiment déplacés. Néanmoins, il ne releva pas. Puis, sans transition apparente, Moha reprit :

– Certains, ici, sont tellement pauvres qu'ils offrent leur corps, c'est tout ce qu'ils ont à vendre.

– Ton petit ami, par exemple ? demanda Nicolas.

– Au début, il était pauvre, mais à présent je lui donne trois cents dirhams à chaque fois. Crois-moi, ça lui fait un joli pactole.

– Ça fait combien d'euros, trois cents dirhams ?

– Dans les trente, c'est pas mal, tu sais.

Il mit son doigt en travers de sa bouche et baissa la voix.

– On n'a pas le droit d'en parler. Ici, le mot « prostitution » est tabou.

Nicolas le regarda franchement :

– Alors, je ne vois pas pourquoi vous l'évoquez.

– Je l'évoque parce que tu m'inspires.

Nicolas était passé du « tu » au « vous ». Il voulait instaurer une distance avec ce bonhomme qui, décidément, y allait très fort.

– Je t'en parle pour t'expliquer qu'on ne se nourrit pas que de livres, mais aussi d'ivresse ! Surtout les jeunes gens, ajouta-t-il avec un sourire entendu.

Nicolas en avait assez. Il jugeait le marchand trop direct, trop sûr de lui.

– Je n'aime pas du tout la façon dont vous me parlez, ni ce que vous suggérez. Moi, je ne suis pas de ce bord-là !

L'autre ne se désarma pas.

– Tu sais, mon gazou, il ne faut jurer de rien. Si un jour cela te plaît d'essayer, eh bien, sache que je suis à ta disposition. Évidemment, pour toi, j'augmenterai mes tarifs ! tint-il à préciser.

Nicolas reposa brutalement son verre de thé. Le marchand prit un air détaché et haussa les épaules.

– Je ne comprends pas ta réaction. Elle est disproportionnée. Nous n'avons fait que converser. Enfin, tu sauras où me trouver maintenant. Reviens quand tu veux. Tu seras toujours le bienvenu, gazou. À la prochaine, mon ami ! Et bien le bonjour à madame ta mère.

Il lui tendit la main. Nicolas la serra à regret. Il pensa que le type était un beau salaud, et qu'il devait faire partie d'une filière de pédophiles.

Il ressentait un tel besoin d'idéalisme qu'il rejetait en bloc tout ce qui était susceptible de le heurter ou de le choquer. Le type, qui parlait un excellent français pour un marchand de tapis, avait employé l'adjectif « disproportionné ». Alice, qui reprochait souvent à son fils son caractère excessif, n'aurait pas renié le terme.

Ses pensées se tournèrent vers Salma. Là encore, il devait être trop impétueux. Pourtant, il mourait d'envie de la retrouver. Tout en sortant de la boutique, sans même un au revoir à Moha, il regarda sa montre avec angoisse. Ouf. Dix-huit heures. La fin du jeûne. Finalement, l'après-midi était passé à la vitesse de l'éclair. Ces longues heures tant redoutées avaient défilé sans qu'il y prenne garde. Tant mieux. Trente petites minutes à peine, et elle serait là-haut sur la terrasse. Il la verrait enfin.

Deuxième partie

La conversation

Nicolas poussa la porte de la maison avec un entrain non dissimulé. De toute façon, personne n'était là pour assister à son excès d'enthousiasme. Sa mère, pas encore rentrée, comme d'habitude, et l'employée partie, depuis longtemps sans doute. Le ryad était d'ailleurs impressionnant, ainsi plongé dans le noir. Le patio, si accueillant d'habitude, reflétait des ombres inquiétantes. Nicolas se souvint de ses terreurs enfantines et essaya de se raisonner. Il s'agissait seulement de feuilles de bananier qui luisaient dans la nuit. Pourtant, comme lorsqu'il avait cinq ans, rien n'y fit. Son cœur s'emballa et il chercha un interrupteur frénétiquement, dans un état proche de la panique absolue. Enfin, sa main trouva à tâtons un bouton, et la lumière se fit. Deux grosses lanternes, placées de chaque côté des galeries qui longeaient le patio diffusèrent un éclairage léger. Cela donnait un charme supplémentaire à la maison. Les méchantes ombres reprirent leur nature première. Celle d'arbres, de plantes et de fleurs accueillantes et luxuriantes. En son for intérieur, Nicolas sourit. Quel con il faisait parfois ! À son âge, avoir peur du noir ! Ridicule !

Puis il pensa qu'il n'y avait pas de honte à garder une âme d'enfant. Et qu'il éprouvait une certaine fierté à ne pas devenir tout à fait adulte. Certes, il ne regardait plus sous son lit pour voir si le diable s'y cachait, mais il acceptait ses peurs et ses névroses. C'était peut-être ainsi, justement, qu'il deviendrait un adulte fréquentable, en tout cas pas trop stupide. En n'oubliant jamais qu'il détenait encore en lui une part de petit garçon. C'était comme cela. Il n'y pouvait rien. Certes, il se savait imparfait, immature, mais perfectible.

Fort de ces pensées définitives, il grimpa les escaliers qui menaient à la terrasse avec l'énergie de ses seize ans.

Alors qu'il poussait la lourde porte, le rythme de son cœur s'accéléra à nouveau. Il pensa qu'il ne ménageait guère ses artères, et qu'à son âge il avait le temps de s'en inquiéter. Et puis, mourir d'une crise cardiaque, par définition subite et violente, lui semblait préférable à un accident ou à une lente agonie. Il se dit que, décidément, ses pensées divaguaient. On ne songe pas à mourir quand on n'a pas encore dix-sept ans. À moins d'être dépressif ou suicidaire, ce qui n'était pas son cas. Non, lui, il envisageait la fin sous un angle littéraire et romantique. Tout comme l'amour. Absolu, sinon rien. La vie était trop courte pour que l'on se satisfasse de choses fades et programmées d'un bout à l'autre de son existence.

Il regarda à nouveau sa montre avec fébrilité car la nuit tombait et la jeune fille n'apparaissait pas.

Dix-huit heures quarante, déjà dix minutes de retard. Il s'inquiéta, comme toujours. Et si elle ne se montrait plus jamais ? Ce n'était pas normal, elle devrait être là, le cœur battant, à l'attendre. Elle lui avait paru ponctuelle, les deux derniers soirs. Certes, évanescente, fantasque, mais fiable. Les minutes s'écoulaient et il n'entendait toujours pas le bruit délicat de ses pieds touchant les escaliers. Il se passait quelque chose d'imprévu, de grave, d'inadmissible. Pourquoi ne venait-elle pas ? Peut-être lui déplaisait-il ? Peut-être faisait-elle semblant ? Que lui avait-elle promis de particulier ? Rien. Juste de revenir vers lui. Ce n'était pas grand-chose. Mais c'était tout, pourtant. L'espoir, la fièvre, des attentes, des délices. Et la crainte de tout perdre. Pourquoi ce besoin de possession ? Il n'engendrait que de l'angoisse.

Il philosophait ainsi, lorsque, enfin, elle surgit. Comme le premier soir, il fut subjugué.

Elle portait une djellaba blanche, différente de la précédente, brodée de couleurs vives. Cela lui allait bien. La pureté absolue, songea-t-il. Tout chez elle est limpide, jusqu'au caractère, jusqu'aux pensées.

Elle lui fit cadeau d'un large sourire, délicieux, même pas contrit.

– Bonsoir, Nicolas, as-tu passé une bonne journée ? demanda-t-elle d'un ton badin.

Il ne put se contenir :

– Mais, Salma, il est très tard, je t'attends depuis longtemps. Tu n'es vraiment pas ponctuelle !

Elle prit un air étonné.

– Ponctuelle ? Ça veut dire quoi ?

– Ça veut dire être à l'heure, ne pas être en retard !

– En retard ? Mais en retard sur quoi ? Que signifient quelques minutes de plus ou de moins ? Tu sais, ici, nous avons une conception du temps différente de la vôtre. Veux-tu que je t'explique ?

Énervé, il l'interrompit :

– Écoute, je ne suis pas venu ici pour que tu me fasses un cours d'astronomie !

Elle le fixa droit dans les yeux.

– Alors, dis-moi, pourquoi es-tu venu ?

Il se rendit compte qu'il l'avait brusquée, une fois de plus. Il se sentit stupide. Ridicule de penser à elle toute la journée pour se mettre en colère au moment des retrouvailles. C'était peut-être cela, l'amour, toujours se tromper, toujours en vouloir davantage, n'être jamais au même étage que l'autre !

Il se radoucit.

– Excuse-moi, Salma, je suis maladroit. Mais j'avais tellement hâte d'être auprès de toi ! Tu sais, mes pensées t'accompagnent depuis ce matin. Je marche avec toi, je te parle, je te montre les choses que j'aime ou qui m'étonnent.

Il n'avait pas cherché ses mots. Ils sonnaient juste, et elle fut touchée.

– Alors, sois heureux ! Profite de l'instant et attends la nuit à mes côtés. Elle sera magnifique !

Il crut défaillir. Elle lui faisait une proposition. Passer la nuit ensemble. Incroyable !

Il osa :

– En ta compagnie, elle sera certainement magnifique !

Elle le regarda, en toute innocence.

– Je ne pense pas que ma mère accepterait que tu descendes chez nous. Ce ne serait pas correct.

Il fut dépité.

– Je ne comprends pas. Pourquoi parles-tu de ta mère ? Tu ne peux pas rester seule avec moi ?

– Seule avec toi ? C'est inconcevable. Il n'y a pas deux nuits comme celle-ci dans l'année. Et celle-ci, de nuit, nous l'attendons depuis douze longs mois.

– Mais pourquoi cette nuit ? Qu'a-t-elle de particulier ?

– C'est Leila-t-Noss. La nuit de la mi-Ramadan. Les anges vont descendre du ciel.

Il dit :

– Mais l'ange, c'est toi !

– Ne te moque pas de moi ! Je ne suis pas un ange, bien au contraire ! Vois-tu, je serais même plutôt un démon. Ce que je fais n'est pas bien. Je n'ai pas le droit d'être ici, avec toi.

Il répliqua :

– On ne fait rien de mal ! Ce mur nous sépare. Tu es chez toi, je suis chez moi.

– C'est vrai, répondit Salma, mais nos âmes se frôlent.

– Nos âmes, peut-être, mais pas nos mains.

Il tendit la sienne et proposa :

– Et si tu me la donnais ?

– Non, je ne peux pas, c'est interdit !

Il parut offusqué.

– Interdit par qui ?

– Par l'islam.

– Tu veux dire que l'islam interdit l'amour ?

– L'amour avec un impie, oui, bien sûr.

Indigné, il rétorqua :

– Un impie, moi ? Mais tu n'y es pas, je crois en plein de choses.

– Mais tu ne crois pas en mon dieu.

– Je ne crois en aucun dieu, j'ai dépassé ce stade. Je crois en toi, au soleil, à la terre, au ciel, aux planètes, aux cyclones, aux tempêtes. Et je crois aussi aux signes, aux prémonitions, aux sentiments.

– C'est cela même, tu parles comme un impie. Tu crois à tout, sauf à Dieu. Est-ce que tu fais tes prières, au moins ?

Il se moqua carrément :

– Les prières ? Non mais tu es vraiment à côté de la plaque !

Elle demanda :

– C'est quoi, la plaque ?

– Laisse tomber, ou bien demande à Allah, il te répondra sûrement !

Elle contint sa déception et dit :

– Si tu tiens à me revoir, tu ne devrais pas insulter Allah !

– Moi ? Mais je n'insulte personne !

– Si, en parlant ainsi d'Allah, tu me blesses. On dirait que tu fais exprès de me contrarier. J'évoque la Nuit sacrée, et tu en profites pour attaquer ma religion. Est-ce que j'attaque ton pape, moi ?

– Mon pape ? D'abord, ce n'est pas le mien, et puis, de toute façon, je m'en fous !

– Mais enfin, Nicolas, tu veux absolument me contredire. Moi, je crois à la Nuit sacrée, je crois aux anges qui vont descendre du ciel. Ils vont me prendre par la main et m'entraîner au plus près d'Allah.

Il ne put se retenir :

– C'est ça, tu donnes ta main aux anges, et tu refuses la mienne !

Elle se contenait toujours, mais il la sentait impatiente.

– Prendre la main, c'est comme prendre le cœur, ça engage beaucoup.

Il dit :

– Pour moi, prendre la main, c'est un premier pas vers la bouche.

– Tu m'agaces vraiment trop ! Je préfère m'en aller et attendre les anges avec ma mère.

Elle fit quelques pas vers la porte rouillée et se retourna :

– Alors, bonsoir, et bonne nuit !

Elle partit effectivement. Il était complètement sonné. KO, pour le compte. Quelle mouche l'avait donc piquée ? Qu'avait-il dit de déplaisant ? N'a-t-on pas le droit, au Maroc, d'afficher son athéisme ? Doit-on absolument croire en Allah pour exister, pour être écouté, pour être pris au sérieux, pour être aimé ?

Nicolas ne l'apprendrait que plus tard. Au Maroc, comme dans la plupart des pays islamistes, il n'y a pas de conversation possible entre incroyants et croyants. Allah est toujours là entre les deux. Et celui des deux qui possède les clefs du royaume de Dieu s'arrange toujours pour rejeter l'autre dans une espèce de cachot où croupissent les impies.

Au Maroc, celui qui n'a pas de religion n'a pas le droit de vivre. C'est un paria, un moins-que-rien. Pas de religion, pas d'âme, pas d'amour, pas de famille, pas de travail. Évidemment, tous les Marocains ne pratiquent pas, mais tous les Marocains croient en Allah. En public, tous font Ramadan. En privé, et notamment dans les grandes villes, chez les plus aisés, quelques Marocains trichent. Mais gare aux dénonciations ! Pris sur le fait, un verre d'eau aux lèvres, le resquilleur risque la prison.

Nicolas était meurtri. Pour lui, il ne s'agissait que d'une affaire de cœur. Mais que peut la raison de l'esprit contre la déraison de l'amour ?

Il en était là de ses réflexions quand il entendit à nouveau grincer les gonds.

Il sursauta. Mais oui, elle était de retour. Mieux, elle souriait aux anges.

Elle s'avança jusqu'à la frontière des deux terrasses, et déclara :

– Je suis revenue car je ne désespère pas de faire de toi un bon musulman !

Il la trouvait sublime. Il dit :

– Tout ce que tu veux, j'accepte tout !

– Alors, écoute-moi sans m'interrompre et, surtout, oublie tes préjugés...

Elle avait un sacré caractère, mais il ne broncha pas.

Trop peur qu'elle change d'avis. Il hocha la tête en signe d'assentiment.

– Laisse-moi d'abord te dire que, lorsque j'étais enfant, c'était mon jour et ma nuit préférés.

Il vit passer dans son regard, au-delà de la nostalgie, une certaine tristesse. Il faillit lui demander pourquoi cette ombre, tout à coup, mais il avait promis, et s'abstint.

– Tu sais, c'est un peu comme pour vous la nuit du 24 décembre. Les enfants attendent le Père Noël dès le soir du Réveillon, ils s'endorment à la fois émerveillés et apeurés, se réveillent tout excités. Le Père Noël est probablement passé durant leur sommeil. La preuve, les cadeaux s'entassent au pied du sapin. Rien ne change, rien ne vient troubler l'ordre des choses. Et la magie opère pendant des années, jusqu'au jour où tu ne crois plus au Père Noël !

Il ne put s'empêcher :

– Moi, figure-toi, je ne crois plus en Dieu, mais je crois toujours au Père Noël !

Elle s'indigna :

– Tu m'avais promis !

– Excuse-moi, s'il te plaît.

Elle poursuivit :

– Eh bien, pour nous, c'est le même rêve, sauf que nous restons éveillés toute la nuit. Et que nous espérons la venue des anges. Oh, ne souris pas ironiquement, ils descendent, tu sais. Nous les voyons vraiment ! Et chaque année le phénomène se répète.

« Tu sais, lorsque j'étais enfant, je les attendais en famille avec maman. Nous nous réunissions tous dans la maison de Grand-Père, un grand ryad.

« Au milieu du patio, les femmes disposaient des tapis

à même le sol, on s'y asseyait, la tête levée, les yeux écarquillés. Et quand les anges étaient en retard, une servante passait avec des plateaux couverts de pâtisseries, toutes plus succulentes les unes que les autres. On mangeait machinalement, nos esprits étaient ailleurs.

« Maman riait beaucoup en nous regardant. Elle disait que nous étions béats.

« Je restais des heures, en scrutant intensément le ciel. Mes cousins faisaient de même.

« Venait enfin le moment où nous étions récompensés. Convaincus par notre foi et notre abnégation, les anges daignaient se présenter. Ils étaient gracieux et aériens. Ils tournoyaient autour de nous, puis disparaissaient pour revenir aussitôt. Il y avait une sorte de lien entre les anges et nous, si bien qu'à la fin nous-mêmes devenions des anges.

« Nous poussions des cris de joie immenses.

« Puis nous faisions tous un vœu, silencieux cette fois. Moi, je leur demandais toujours la même chose : que mon père revienne. Encore aujourd'hui. Toujours la même attente. Cette nuit, lorsque mon ange gardien descendra pour me rencontrer, je lui formulerai ce souhait pour la énième fois.

Elle s'arrêta, songeuse, et ajouta :

– Bien sûr, tu peux en douter, te dire que j'exagère, que j'en remets. Je pense d'ailleurs qu'il y avait certainement une part d'hallucination collective.

Nicolas prit garde de ne pas la brusquer. Il en avait assez de l'ange, mais il montra tout de même de l'intérêt à l'histoire. Il interrogea :

– Comment est-il, ton ange gardien ? Comment le reconnais-tu ? Comment te rejoint-il ? Le vois-tu arriver jusqu'à toi ?

Elle soupira et répondit :

– Aujourd'hui, je le vois moins bien qu'autrefois, mais je le ressens davantage.

Elle s'interrompit un instant, puis elle reprit :

– Tu veux vraiment savoir ? Eh bien, voici comment ça se passe. J'attends, j'attends, je le souhaite, je le prie. Au bout de quelques heures, je le vois transpercer le ciel, puis l'illuminer. Il arrive à la vitesse d'une étoile filante, et tout à coup, je le sens à mes côtés. Il a le souffle chaud. Il murmure mon nom. Je sais alors que c'est mon ange à moi et que je peux lui confier mes secrets.

– Tu en as beaucoup, des secrets ?

À nouveau, ses beaux yeux s'assombrirent.

– J'en ai, comme tout le monde.

Il n'osa pas lui demander lesquels, mais il la sentit troublée. Curieux, en quelques secondes, elle était passée de l'exaltation à la tristesse.

Histoire de détendre l'ambiance, il dit :

– J'ai peut-être un ange gardien, moi aussi ?

Le plus sérieusement du monde, elle répondit :

– Chacun a un ange qui veille sur lui. Peu importe qu'on soit bouddhiste, musulman, juif, chrétien, animiste ou même rien, comme toi.

Nicolas ne partageait pas du tout cette opinion. L'image était belle, mais son ange à lui ne l'avait jamais gardé des mauvais coups.

– D'abord, je ne suis pas rien. Ensuite, il y a une expression française que je trouve très juste : « L'homme est un loup pour l'homme ». Encore que le loup soit un animal magnifique ! Mais cela prouve que nous avons tous des démons intérieurs. Souvent, ils se retournent contre les autres, parfois contre nous-mêmes. Les anges, hélas, ne contrecarrent pas nos mauvais instincts, nos pulsions destructrices. Sinon, on vivrait dans un monde idéal !

Elle répondit :

– Le paradis d'Allah est un monde idéal.

C'était dit avec une telle passion qu'il en frissonna. Parole ! Il avait affaire à une intégriste ! Mais après tout, pourquoi n'aimerait-il pas d'amour une intégriste pure et dure ? Sait-on jamais ?

D'une voix encore possédée, elle dit :

– Bon, je dois te quitter maintenant, mon ange va s'impatienter !

Il répondit :

– Un ange, c'est quelqu'un qui est forcément patient, foncièrement gentil. À mon avis, il sait déjà que nous discutons ensemble. Il entend même notre conversation. Il pense que tu devrais peut-être t'approcher de moi, et m'embrasser ?

– T'embrasser ? répéta-t-elle en s'offusquant. Mais tu n'y penses pas ! Dieu me verra, et il me punira !

Elle eut un petit rire gêné, et répéta :

– Bon, je te quitte, maintenant ! À demain.

– Inch Allah, lança ironiquement Nicolas.

– Inch Allah, répéta-t-elle en s'enfuyant.

Nicolas enrageait. Il était en pleine confusion. Fasciné par Salma, il ne parvenait pas à la saisir.

Était-il véritablement amoureux ? Ou bien se tenait-il déjà au-delà de l'amour, juché sur un nuage opaque qui stagnait au-dessus de leur terrasse ? Était-il aveugle, ou bien extralucide ? Était-elle innocemment religieuse, ou bien méchamment intégriste ? Était-elle tout simplement pieuse et irréductiblement vierge, comme toutes les filles de l'islam ? La virginité, c'était bon pour le rêve, pour l'imagination.

Nicolas se raisonna. Il aimait Salma, et il la voulait.

En réalité, il avait beau l'écouter et lui poser des questions, il n'entendait qu'à moitié les réponses et n'attachait guère d'importance à ses propres demandes. Il aimait être avec elle, et respirer sa présence.

Il sursauta. Il entendit la porte grincer. C'était inattendu, Salma revenait.

Le voyant intrigué, elle prit les devants :

– C'est incroyable, mais mon ange a du retard. Nous avons encore un peu de temps.

Comme la veille, comme tout à l'heure, Nicolas essaya de la retenir davantage. Il savait la tentative vouée à l'échec, mais il était pugnace et décida de changer de stratégie. Plutôt que la supplier, il abonderait dans son sens.

– C'est formidable, ton ange est vraiment un type bien. Il nous favorise. Il sait que tu te plais en ma compagnie.

Elle le rabroua :

– D'abord, mon ange n'est pas un type. Ensuite, ta compagnie m'est agréable, mais pas indispensable !

Il ne releva pas, et demanda, mine de rien :

– Dis-moi juste une chose. Qu'y aura-t-il après ton ange ? Je veux dire, que se passera-t-il après votre entrevue ? Serez-vous séparés jusqu'à l'année prochaine, ou bien reviendra-t-il vers toi si tu l'appelles ?

Il avait posé la question sur un ton léger, détaché.

Malgré la gravité qu'elle accordait au sujet, il pensait qu'elle répliquerait sur le même ton. Il se trompait. Son visage se fit sévère.

– Après les anges ? Non, c'est impossible, je ne peux pas te dire où j'irai.

– Salma, tu peux tout me dire ! Je suis là pour ça.

– Tout te dire, peut-être, mais pas ça ! C'est un secret entre lui et moi.

– Lui ? Et qui c'est, lui ?

– Je ne peux pas te répondre. N'insiste pas !

Il pensait gagner sa confiance. Il osa même cette comparaison :

– Tu sais, moi aussi, je suis une espèce d'ange gardien, terrestre. Je suis capable de tout entendre...

Elle répéta :

– N'insiste pas. C'est impossible !

Il sentit son cœur s'emballer, comme dans l'obscurité tout à l'heure. Davantage encore maintenant, car le danger n'était plus imaginaire. Il ne s'agissait pas d'ombres, mais d'un mystère effrayant. Elle était trop sérieuse pour que ce fût anodin.

Persuasif, il répéta :

– Salma, écoute-moi. Quand un secret fait mal parce qu'il est trop lourd à porter, il faut le poser, ou bien partager son poids avec quelqu'un d'autre. Je te le dis, Salma, je pense pouvoir tout entendre, tout comprendre.

– Tu crois ? demanda-t-elle. Tu crois vraiment ?

Elle baissa les yeux et murmura :

– Eh bien, après le passage des anges, je suis obligée d'aller voir quelqu'un qui a besoin de moi.

Il demanda, inquiet :

– C'est l'ange qui te le conseille ?

– Non, il me donne le courage de surmonter mes faiblesses.

– Il t'encourage ou il te souhaite du courage ?

– Les deux. Et chaque nuit c'est la même chose.

– La même chose ? C'est-à-dire ?

– Ma mère me jette dehors.

Il n'en revenait pas.

– Comment cela, elle te jette dehors ?

– Elle m'envoie ailleurs...

Le cœur serré, il demanda :

– Elle t'envoie où ?

Elle le supplia du regard.

– Ne me demande pas ça, je t'en prie !

Il eut une mauvaise intuition.

– Tu vas chez un homme ?

– S'il te plaît, il faut que je parte maintenant, mon ange m'attend.

D'une voix contrariée, il lança :

– C'est ça, d'abord l'ange, et ensuite le bonhomme.

Elle s'écria :

– Mais c'est un vieux monsieur !

Il ne résista pas :

– Un vieux ! Il te paye bien, au moins ?

– Il a besoin de moi.

– Et toi, bien sûr, tu as besoin de son argent !

La voix empreinte d'une sourde révolte, elle répondit :

– Ne m'en demande pas plus, surtout pas ce soir.

Nicolas se sentait défaillir. Néanmoins, il l'attaqua méchamment :

– Pourquoi a-t-il besoin de toi ? Pour tes yeux, pour ton corps, pour ta jeunesse ? Juste pour te regarder, t'admirer ?

Elle lui fit face fièrement.

– Puisque tu le prends comme cela, je vais te dire une chose qui ne va pas te plaire : je l'aime !

Il n'en pouvait plus. Elle venait de le détruire.

Indigné, il cria :

– Quoi ? tu aimes un vieux ! Et tu lui obéis, bien sûr !

Elle fit mine de ne pas comprendre sa colère.

– Oui, bien sûr, c'est normal...

Il en aurait pleuré. Il la croyait vierge, innocente. Il l'avait érigée en héroïne de son propre cinéma. Et voici que l'héroïne ne correspondait plus au rôle qu'il lui avait écrit. C'était dur, très dur. Il fit un effort et la questionna à nouveau :

– Et tu restes combien de temps avec lui ?

– Autant qu'il le souhaite !

Bon Dieu ! Elle y allait fort ! Le pire, c'est qu'elle débitait tout cela tranquillement, naturellement, sans honte aucune, ou toute honte bue, allez savoir avec une telle sainte, ou une telle pute.

– Toi, Salma, toi...

À nouveau, elle joua les innocentes.

– Moi, quoi ?

– Cela me révolte ! Ce que tu fais porte un nom...

Elle écarquilla ses beaux yeux et continua :

– Je ne comprends rien à ce que tu me dis !

Il hésita :

– Je dis que tu es une...

Il faillit prononcer le mot, mais il se retint juste à temps. Non, pas elle, pas cette fleur, si belle, si délicate.

Elle le regardait, droite, digne, tout aussi hiératique que le premier soir. Et puis, tout à coup, elle se rua vers la porte. Il l'entendit descendre les escaliers à toute vitesse. Son ange l'appelait.

Il se calma. Il attendrait demain avec sérénité. Il y avait sans doute, un malentendu.

En vérité, il n'était pas sûr d'avoir bien compris. Pourquoi n'irait-elle pas dormir chez un vieux ? Pourquoi coucherait-elle avec lui ? Peut-être couche-t-elle chez lui, mais pas forcément dans son lit ?

Peut-être travaille-t-elle la nuit pour payer ses études ? Mais de quelles études s'agirait-il ? Mieux vaudrait chercher du côté de la famille. C'est elle qui apporte l'argent ! Mais oui, bien sûr, c'est cela ! Salma travaille la nuit pour nourrir la mère, les tantes, les cousins et les cousines.

Il se traita de con, de petit-bourgeois, et se sentit mieux. Même pas la peine de mettre Alice dans la confidence. Après une bonne nuit de sommeil, tout redeviendrait clair. Cette fille était aussi limpide que magistrale. Et de plus elle croyait en Allah. Chacun de ses gestes, de ses actes, était ponctué par son éducation coranique. Qu'irait-elle faire la pute chez un vieux ? Et pourquoi un vieux ? Elle n'avait qu'à se montrer dévoilée dans la rue pour que tout Marrakech tombe à ses pieds.

Cette fois, il l'attendait sereinement. La nuit lui avait porté conseil. Évidemment, il ne s'agissait que d'un malentendu, l'un de ces quiproquos dus à l'émotion ou au langage. Salma n'était pas une fille simple. C'était une Ragd, un enfant dormant. Pour les croyants, Salma était donc l'enfant de Dieu. On ne précisait ni comment, ni pourquoi. C'était comme cela, un don qu'Allah faisait aux veuves. Et les veuves en étaient quasi sanctifiées. Personne ne se risquait à médire sur elles, quand bien même on aurait vu des hommes sortir de leur domicile.

Quand il la vit arriver, plus belle et plus souriante que jamais, son sang ne fit qu'un tour.

Il se croyait inatteignable. Il avait béni sa nuit. Écouté les conseils. Et puis, instantanément, il eut l'impression d'être à nouveau rongé par le doute.

Elle s'avança jusqu'au muret. Sa terrasse étant plus élevée, elle le dominait d'une tête. Et quelle tête ! Impossible de rester impassible face à une telle apparition.

Elle demanda :

– Tu as bien dormi ?

– Oui, très bien, mais la prière du matin m'a réveillé.

Elle dit :

– Je ne sais peut-être pas bien le dire en français, mais la prière ne réveille pas. Elle éveille...

– Tu le dis très bien, répondit Nicolas, mais, depuis le

temps, on le sait qu'Allah est grand. À quoi cela sert-il de le répéter cinq fois par jour ?

Elle émit un joli petit rire, et dit :

– En plus de l'éveil, c'est pour les gens qui n'ont pas de montre. Ils se repèrent grâce à la prière. Et puis, il y a aussi tous ceux qui ne savent ni lire ni écrire. Au moins, ils peuvent écouter.

D'emblée, il sentit revenir sa mauvaise foi. C'était plus fort que lui. Il dit :

– Et toi, ce matin, à l'heure de la prière, tu étais encore chez le vieux ?

Le visage de Salma s'assombrit.

– Tu ne devrais pas recommencer avec cette histoire. Tu devrais plutôt oublier.

Il rétorqua vivement :

– Tu en as de bonnes ! Oublier, oublier ! Mais moi, quand j'aime, je demande le même amour en retour.

Surprise, elle demanda timidement :

– Parce que tu m'aimes ?

Décontenancé, il ne répondit pas. Elle répéta :

– C'est vrai, tu m'aimes ?

– Oui, je t'aime. Cela ne se voit pas ?

– Mais on ne peut pas aimer quelqu'un aussi vite. Il faut d'abord se connaître, s'apprécier, se découvrir.

Il dit :

– D'abord, tu n'es pas « quelqu'un ». Tu es un être à part. Et puis, tu devrais le savoir, le coup de foudre, cela existe aussi.

Comme elle ne réagissait pas, il reprit presque aussitôt :

– D'accord, je vois qu'entre nous deux il s'agit d'un amour à sens unique.

Elle le gratifia d'un beau sourire innocent, et répliqua :

– Tu m'en demandes trop. Je t'aimerai peut-être un jour mais, pour l'instant, je t'aime bien, je te trouve beau, j'ai de la sympathie pour toi.

Il se vexa.

– Évidemment, on ne peut pas aimer deux hommes à la fois !

Elle parut ne pas comprendre.

– Je n'aime personne.

– Comment ça, tu n'aimes personne ? Et l'autre, alors ?

Elle répondit vivement. Et il eut mal :

– Lui, c'est différent, il me paye.

Il n'en revenait pas. Il était comme assommé. Il la regarda. Elle souriait toujours. Il pensa à une plaisanterie. Oui, bien sûr, elle le faisait marcher.

Il demanda :

– Il te paye combien ?

Elle n'hésita pas.

– Il me donne trois cents dirhams tous les soirs.

La repartie fusa :

– Et si je t'en donnais quatre cents, est-ce que tu continuerais à le voir ?

– Quatre cents dirhams ? Mais pour quoi faire ?

– Pour rien, juste pour préserver ton intégrité.

Elle s'écria :

– Mais qu'est-ce que tu racontes, je suis pure !

Il s'emporta vulgairement :

– Vierge, toi ? Non mais tu me prends pour un con !

Elle le désarma une fois de plus.

– C'est quoi, un con ?

Il n'osa pas aller plus loin. Il en avait pris plein la figure. Il se calma et dit :

– Tu sais ce que c'est, un marché ?

Elle répondit naïvement :

– C'est là où l'on vend des fruits, des légumes, des épices.

– Je ne parle pas de ce genre de marché. Je te propose un pacte.

– C'est quoi, un pacte ?

– C'est un arrangement entre nous. C'est une parole donnée, et respectée.

Elle l'interrogeait de ses grands yeux soulignés au khôl. Elle semblait égarée.

Il fouilla dans sa poche, et en sortit de l'argent. Il dit :

– Le pacte est le suivant : je te donne quatre cents dirhams à partir de ce soir et tu cesses de voir le vieux !

Il lui tendit les billets et demanda :

– C'est d'accord, n'est-ce pas ?

Elle ne savait pas très bien pourquoi il faisait une chose pareille, ni ce qu'il demandait en échange, mais elle prit l'argent.

Au même moment, sa mère l'appela :

– Salma, Salma, viens m'aider, on est en retard !

Il murmura :

– À demain ?

– Inch Allah !

Dépité autant que désolé, incapable de mesurer les conséquences de sa proposition, il quitta la terrasse. Il descendit les marches à vive allure et entra dans la première pièce venue. Là, il s'affala sur un tapis, entoura de ses bras ses longues jambes, posa la tête sur ses genoux. Puis il se mit à pleurer comme l'enfant qu'il n'était plus.

Il se tenait encore dans cette position, recroquevillé sur lui-même, le corps parcouru de longs sanglots, lorsque Alice le découvrit, plongé dans le noir, lui qui détestait tant l'obscurité.

Elle pensa qu'un événement très grave s'était produit.

Et instantanément elle se sentit coupable. Vingt-deux heures à sa montre, elle n'aurait pas dû rentrer si tard. Elle l'avait laissé livré à lui-même. Après tout, c'était encore un gosse souvent perdu.

– Nico, mon amour, c'est moi. Voyons, bébé, dis-moi ce qui se passe, demanda-t-elle tout en s'agenouillant près de lui.

Elle posa son visage sur son épaule, et attendit.

Il releva enfin la tête, yeux noyés, regard vide. De grosses larmes continuaient à ruisseler sur ses joues.

– Chéri, dis à maman...

Elle retrouvait les intonations de son enfance, du temps où elle soignait à la fois les bobos aux genoux et à l'âme.

Pendant un long moment, il resta silencieux. Puis murmura :

– C'est une pute...

Et il fondit en larmes, sanglotant encore et encore.

Alice, avec sa perspicacité habituelle, comprit aussitôt la situation. Elle choisit de ne rien répondre pour le laisser parler. Cela prit du temps.

Elle ne bougeait pas, pressant simplement son épaule, doucement, délicatement. Alors, il se livra.

– Tu sais, cette jeune fille sur la terrasse. Salma, elle s'appelle Salma. Elle est apparue si claire, si blanche, si belle, si immaculée. Mon rêve. Mon premier grand amour. Celle que j'attendais. Depuis quelques jours, je ne vis que pour elle, je ne pense qu'à elle. Et pourtant, elle, elle... (Des sanglots s'étranglaient dans sa gorge.) Elle se prostitue, maman. Elle se vend à un vieux bonhomme.

Alice ne marqua aucune surprise.

Elle connaissait ce pays depuis longtemps. Elle savait

que dans les grandes villes touristiques, et notamment à Marrakech, la prostitution était une réalité, et même une institution. Elle ne chercha même pas à détromper son fils, tant l'histoire semblait tristement plausible.

La servante dont elle louait les services en même temps que la maison lui avait raconté son enfer. C'était d'abord le père. Et puis le fils. Et les cousins. Et les copains de tout le monde. Violée à treize ans. Esquintée par la vie. Toute une série de fausses couches. Des sages femmes monstrueuses. Depuis peu, la fille revenait à la vie. Alice dit à son fils :

– Mon Nico, c'est un cliché, mais le Maroc est un pays très pauvre. Et tu sais pertinemment qu'il se trouve toujours des paumés, des pervers, des salauds, qu'ils soient jeunes ou vieux, pour en profiter. Quand on a faim, quand on doit nourrir sa famille, on est parfois prêt à tout pour y arriver. Ce n'est pas du vice. Juste une question de survie.

Comme il ne répondait rien, muet de douleur, elle enchaîna, désireuse de dédramatiser la situation :

– Il y a pire, tu sais. Elle, c'est une adolescente, presque une adulte. Dans ce pays, on grandit plus vite qu'ailleurs, on n'a pas d'enfance, à moins de faire partie d'un milieu favorisé. Je ne dis pas qu'elle ne subit pas, mais elle sait ce qu'elle fait. En revanche, quand je croise dans la rue des gamins ou des fillettes de sept ou huit ans, alors là, j'ai envie de vomir. La pédophilie est ancrée ici, comme ailleurs. Parfois, pire, avec l'accord des parents.

Elle comprit que sa digression était malvenue lorsqu'il releva la tête et lança presque méchamment :

– Mais tu te rends compte comme c'est grave ? Elle, Salma, une princesse, ma princesse !

Elle faillit répliquer que oui, elle comme d'autres. Que

lui seul l'imaginait ainsi, auréolée de pureté. Mais elle s'abstint. Inutile de le torturer plus encore. Ni de le raisonner. Il fallait simplement essayer de le consoler. Et tant pis s'il n'acceptait pas ses arguments. Au moins, elle aurait essayé.

– Ne sois pas trop déçu. Cela fait mal, je le sais, mais il ne s'est rien passé de sérieux entre elle et toi.

Il lâcha, vindicatif :

– Tu parles comme une vieille. « Sérieux », c'est quoi ce langage ?

Elle ne releva pas.

– D'accord, tu y as cru, mais enfin, tu la connais depuis deux jours seulement. C'était un fantasme, un songe merveilleux, et tant mieux si ça en reste à ce stade.

« As-tu imaginé ce que serait la réalité ? Non, bien sûr. Eh bien, ici, quand un couple qu'on appelle « mixte », quelle affreuse expression d'ailleurs, tente de vivre ensemble, la vérité, c'est qu'on fait tout pour l'en empêcher. Tu ne peux même pas te promener la nuit tombée avec une jeune Marocaine sans qu'elle soit ennuyée. Je dis bien elle, pas toi, l'Occidental qui apporte ses devises au pays. La police la contrôlera inévitablement. Essaie, pour voir. À plusieurs reprises, des policiers l'arrêteront pour lui demander ses papiers. Je ne te parle pas d'une prostituée ; là ils ferment les yeux, moyennant quelques dirhams. Tu me trouves certainement cynique, mais c'est ainsi que les choses se passent.

Il ne disait toujours rien, à croire qu'il n'entendait pas ces vérités.

Elle continua :

– Tente de te présenter à la réception d'un hôtel avec une Marocaine, aussi émancipée soit-elle. On vous mettra aussitôt dehors, sans aucun égard, si ce n'est pas une maison de passe, bien sûr. Simplement parce qu'elle est marocaine et que les filles de sa religion restent vierges jusqu'au mariage.

« C'est ainsi, tout le monde surveille tout le monde, presque naturellement. Cela fait partie d'un mode de pensée et de vie. On ne peut pas lutter contre une culture enracinée depuis tant de siècles. L'incroyable, c'est que les hommes en sont les auteurs, les garants, et qu'ils en souffrent. Figure-toi qu'ils sont pratiquement obligés de coucher entre eux, faute de femmes. Ils se masturbent toute la journée, ou alors ils se rabattent sur des veuves, sur de vieilles putains à cinquante dirhams la passe...

Elle reprit son souffle. Ces mots sortaient du ventre. Elle avait mal pour son fils. Elle le secoua par les épaules, et poursuivit :

– Tu te demandes pourquoi je te raconte tout cela ? J'essaie simplement de te faire comprendre qu'entre elle et toi c'est une histoire impossible.

Comme Nicolas la fixait d'un regard rageur, elle adoucit un peu sa voix et ajouta :

– J'ai bien conscience qu'en tenant ce langage je renforce ton désir pour elle. Tu te figures que, quand on le veut vraiment, tout est possible. J'aime que tu sois ainsi, absolu, mais pour une fois crois-moi. Tu n'arriveras à rien avec une fille de son espèce !

Il sursauta.

– Ne répète jamais une chose pareille devant moi. De quelle espèce parles-tu ?

Elle s'insurgea :

– Ne me regarde pas comme si j'étais une vieille raciste rétrograde ! Les racistes, en un sens, c'est eux. Et je ne t'ai même pas parlé du mariage... Un étranger doit se convertir pour épouser sa promise. Devenir musulman, savoir prononcer les phrases rituelles, et accomplir les gestes sans lesquels l'entrée d'une mosquée lui est rigoureusement interdite.

« Évidemment, cela ne marche pas dans le sens inverse, je veux dire qu'une Occidentale qui épouse un Marocain ne changera pas de religion. On s'en moque, car ici une fille ne compte pas, en tout cas bien moins qu'un garçon. Là encore, c'est ainsi, ce n'est pas toi qui révolutionneras les choses.

Il répondit dans un souffle :

– Je ne veux pas « révolutionner », je veux aimer !

Elle continuait sur sa lancée :

– Et les enfants, tu as pensé aux enfants ?

« Eh bien, pour les enfants, même topo. Si le père est étranger et non converti, ce sont à jamais des bâtards. Les castes n'existent pas ici mais, avec les règles de bienséance sociale, c'est tout comme.

Elle était déchaînée.

– Pire encore si la mère est étrangère et le père marocain, l'enfant porte de droit la nationalité du père. Privilège et honneur aux mâles, encore une fois.

« Et si par malheur elle divorce, ce qui ne manquera pas d'arriver, elle peut faire une croix sur ses enfants et rentrer seule dans son pays de païens...

– Maman, l'interrompit Nicolas, enfin sorti de sa léthargie, maman, que se passe-t-il ? Tu es dans la haine ou quoi ?!! Tu tentes de me raisonner, mais j'ai quand même l'impression que tu délires. Pourquoi se mettre dans un état pareil ? Je ne t'ai jamais parlé d'union, de mariage. Voyons, maman, reprends tes esprits !

« Et d'abord, comment sais-tu tout cela, toi ? ajouta-t-il, l'air soupçonneux.

Elle le regarda avec lassitude, secoua la tête, soupira, sembla hésiter quelques secondes. Puis, dans un souffle et sur le ton de la confidence longtemps retenue, elle avoua :

– Je ne t'en ai jamais parlé car je n'avais pas de raison de le faire. Il y a vingt ans, j'ai été très amoureuse d'un Marocain.

Il était infiniment surpris.

– Toi, maman ?

Sur la défensive, elle répondit :

– Oui, moi, et pourquoi pas ? C'était un diplomate, et malgré cela nous avons eu beaucoup d'ennuis !

– Excuse-moi si cela te vexe, mais j'ai du mal à l'imaginer. Déjà, amoureuse, c'est difficile...

Il retrouvait le ton de la plaisanterie.

– Et d'un Marocain, tu parles, quelle coïncidence !

Alice fit un sourire en demi-teinte.

– Je n'ai pas choisi, tu sais. Marocain, français, chinois, pfutt, quelle importance ! Je m'en moquais bien. Et je ne m'attendais pas non plus à tomber à ce point sous le charme.

Soudain ragaillardi, il demanda :

– Tu as eu combien d'hommes dans ta vie ?

Elle répondit franchement :

– Avant ton père, aucun. Après ton père, et jusqu'à maintenant, une centaine.

Il s'exclama :

– Une centaine ? Mais c'est énorme !

– Tu sais, à quarante ans, enfin, disons plutôt « en vingt ans », ça ne fait jamais que...

Il osa :

– Et ça te plaît ?

– Pas toujours, non.

– Alors, pourquoi tu le fais ?

Elle eut une moue de contrariété et dit :

– J'en ai besoin !

Il s'offusqua :

– Mais tu pourrais au moins choisir !

– Qui te dit que je ne choisis pas ? Tu crois peut-être que je couche avec le premier venu ?

Il regretta ses mots, et s'excusa. Elle poursuivit :

– Tu sais, les hommes, on ne sait pas vraiment sur qui on tombe. Ce n'est pas aussi clair que les lignes de la main.

Il poussa une exclamation, et répéta, comme pour lui-même :

– Ma mère s'est tapé cent mecs, et son fils est encore puceau ! Décidément, c'est le monde à l'envers !

Elle le regarda, étonnée.

– Puceau, c'est vrai ?

– Enfin, presque. J'ai eu deux ou trois aventures, mais elles ont tourné court.

– Comment cela ?

– Je n'ai pas vraiment eu de plaisir.

Elle fit remarquer :

– Tu sais, la première fois, cela ne marche jamais très bien. Les corps doivent commencer par se connaître.

– Oui, on m'a dit ça. Il paraît qu'il y a une mécanique de l'amour, et qu'il faut la découvrir.

Il regarda sa mère avec intensité, et lâcha :

– Avec Salma, j'en suis sûr, ça irait tout seul. Elle me rendrait fou de plaisir.

Elle tempéra les ardeurs de son fils :

– Ne te fais pas trop d'illusions, Nico, les vierges sont des passives.

Il s'écria :

– Mais, c'est pas une vierge, c'est une pute !

– Bon, d'accord, disons que c'est une pute qui ressemble à une vierge !

– Quand je pense qu'au lycée il y a des vierges qui ressemblent à des putes.

Elle dit :

– C'est quelque chose de très français.

Comme il réfléchissait, elle demanda :

– Tu gamberges, mon Nico ? Je n'aime pas cela, tu vas faire une déprime !

Il parut catégorique.

– Sûrement pas ! Et je n'ai même pas l'intention de la revoir. Je ne monterai plus sur la terrasse.

Il mentait. Il resta encore un instant à discuter avec sa mère, et gagna sa chambre. C'était la plus belle pièce de la maison. Des voilages d'organdi tombaient de chaque côté du lit à baldaquin. Et, dans l'enfilade de la perspective qui menait à la salle de bains, le mauresque se mêlait harmonieusement aux meubles en pitchpin, bureaux et commodes rapportés d'Angleterre. À bord de grands voiliers, ils avaient sans doute fait plusieurs fois le tour du monde.

Il alluma la lampe d'étudiant à l'abat-jour orange posée sur la table de chevet. Cela créait une douce et chaude ambiance.

Là, assis sur le lit, Nicolas compta son argent. Il possédait un peu moins de trois cents euros. Convertis en monnaie marocaine, cela faisait dans les trois mille dirhams. À raison de quatre cents par jour, il pouvait la préserver toute une semaine. Après, il verrait. Peut-être faucherait-il quelques billets dans le sac d'Alice ?

Contrairement à ce qu'il prétendait face à sa mère, il était complètement obsédé par Salma. L'idée d'étudier la culture du pays, tout comme les contraintes ou les subtilités de l'islam, ne l'effleurait plus. Il était même devenu incapable d'ouvrir un livre. *Belle du Seigneur*, avec ses huit cent quatre-vingt-treize pages, et le dernier Kundera restaient au fond de sa valise. Il préférait passer son temps à se balader dans les rues. Il allait même à pied jusqu'au Guéliz, aller et retour.

À l'heure du ftor, juste après la prière qui invitait les fidèles à s'alimenter, la grande avenue Mohammed-V, tout comme la place Jemaa-el-Fnaa, se vidait entièrement. Plus de passants, de promeneurs, de bonimenteurs. Plus de serpents, plus de macaques, plus de fennecs, plus de chiens savants. Eux aussi rentraient pour manger.

Boutiques fermées, rideaux de fer tirés. Il n'y avait d'ouvertes que les gargotes où les pauvres et les sans-logis se pressaient pour avaler leur soupe. Les autres, les travailleurs, les commerçants, les gagne-petit et les aisés, se retrouvaient en famille, ou entre amis, et faisaient ripaille.

Nicolas se disait que les Marocains s'étaient arrangés pour détourner le Ramadan de son caractère sacré. Jusqu'alors, il pensait sincèrement que le jeûne était une manière de rappeler le sens de la frugalité. Au lieu de cela, en dehors de quelques ascètes, la population, la classe moyenne, hommes et femmes, s'endettaient et couraient les magasins toute la journée, achetant ce qu'il y a de meilleur et de plus cher, afin de se gorger toute la nuit pour s'écrouler, le ventre plein, vers quatre heures du matin. Bien sûr, en période de Ramadan, aucun commerce n'ouvre avant dix, onze heures. Une exception cependant, si les marchands tombent leur rideau de fer pour prendre tranquillement le ftor, ils reprennent du service un peu plus tard. Et, comme par magie, la Médina, que l'on croyait dans le coma, ressuscite d'un seul coup. Les étals se remplissent à nouveau. Les boutiques s'animent. Quant à la Grande-Place, celle de l'oralité, en quelques minutes la foule y déborde. Il est même quasi impossible de s'y faufiler par l'étroit goulet de Bab Fteuh. Et comme si les camelots, les bateleurs, les charmeurs, les conteurs ne suffisaient pas, voici que les restaurateurs ambulants montent leurs tréteaux, dressent leurs tables, allument leurs braseros. Bientôt, c'est tout Marrakech qui sent la brochette.

Moha faisait comme les autres. Il disparaissait à l'heure du ftor et revenait ensuite ouvrir sa boutique.

Il était sur le pas de sa porte quand Nicolas passa.

Rêveur, il n'avait pas même cherché à l'éviter. Moha se leva, tout sourire.

– Tiens, voici mon gazou préféré !

Sans même laisser le temps au gazou de dire non, il le saisit par la main et l'entraîna à l'intérieur.

– Tu ne refuseras pas le thé, je le prendrais comme une injure ! Tu sais, Nicolas, les Marocains se vexent aussi facilement qu'ils offrent. Ce sont des gens généreux. Bien sûr, ils aiment donner, mais ils aiment aussi recevoir de l'amitié.

Il fit asseoir le gazou auprès de lui et commanda le thé à son esclave. Le petit ne paraissait pas de bonne humeur. Moha dut le brusquer pour qu'il se dépêche.

Il se rapprocha de Nicolas, et lui souffla à l'oreille :

– Tu sais pourquoi il n'est pas content ?

Nicolas secoua négativement la tête.

– Il n'a pas eu sa dose.

Nicolas pensa au haschich, au majoun, à la drogue. Il n'eut pas besoin de demander. Moha se fit un plaisir de le renseigner.

– En période de Ramadan, il est interdit de faire l'amour entre le lever du jour et le coucher du soleil. Alors, comme je viens d'arriver, tu comprends, il est contrarié de te voir ici !

Nicolas s'offusqua :

– Je ne vois pas pourquoi !

Moha répliqua :

– Mais lui, il voit que tu me plais. Il se dit : il va se le payer, et moi, aujourd'hui, je n'aurai pas de quoi nourrir ma famille.

Nicolas trouva la réflexion déplacée. Cependant, il demanda :

– Les filles aussi, elles se prostituent pour nourrir leur famille ?

– Évidemment. En dehors des vicieux, comme toi et moi...

Nicolas le foudroya du regard. L'autre continua :

– Personne ne se donne pour rien. Ici, au Maroc, le chômage est un fléau. Le gouvernement laisse faire la prostitution comme il laisse faire les barbus. Les gazelles et les gazous gagnent de quoi subsister. Les barbus, eux, distribuent l'argent des Saoudiens. Ils aident les familles. Ils construisent les mosquées. Peu à peu, ils nous avalent.

En confidence, il chuchota :

– Ne le répète à personne, mais je vais te dire une chose, l'islam gagne du terrain chaque jour. Avec l'or noir, l'islam peut tout se permettre. En réserve, et si tu comptes les Émirats, l'Irak, et même l'Algérie, il y en a encore pour un siècle. C'est pour cela qu'ils se dépêchent, ils prêchent et ils convertissent à tout-va. Et toi aussi, dans soixante ans, dans soixante-dix ans, tu seras assis devant ta boutique, habillé comme moi en djellaba, à égrener les versets du Coran.

Le petit ami arriva avec le plateau. Il jeta un regard noir à Nicolas et servit le thé. Il y eut une brève discussion en arabe, puis l'esclave disparut en criant.

Nicolas demanda :

– Tu lui as dit quoi ?

– C'est rien. Il m'a demandé une avance. Paraît que sa mère doit voir le médecin.

– Et alors ?

– Alors, je lui ai dit qu'il ne me dérange pas, que j'étais avec toi, que je verrai ça demain.

Nicolas n'apprécia pas.

– Je ne vois pas pourquoi tu le rends jaloux. Entre toi et moi, il n'y a rien, et il n'y aura jamais rien.

Moha fit son plus beau sourire :

– Tu te trompes, je te sens jusque dans ma peau. Tu me fais vibrer.

– Peut-être, mais moi, je ne vibre pas pour les hommes. Je vibre pour une fille.

Il se mit à lui parler de Salma. Il raconta son émoi, il fit part de ses doutes. Moha l'écouta attentivement, et dit :

– Elle t'a menti. Une fille comme ça ne coucherait pas avec un vieux. Non, elle doit aller ailleurs, chez des Européens qui organisent des parties fines. D'accord, on ne la touche peut-être pas, mais elle est là, elle fait des choses, elle participe d'une manière ou d'une autre.

Nicolas se sentit envahi d'une immense déception, mêlée de tristesse. Il préférait l'imaginer avec le vieux plutôt qu'avec une bande de partouzards. Il fut pris d'une envie irrépressible de la voir, de lui parler.

Comme l'heure approchait, il quitta brusquement Moha.

Celui-ci lança :

– Reviens donc me voir, avec moi, au moins, tu ne seras pas déçu.

Nicolas monta les escaliers quatre à quatre. Il hésitait entre la fureur et le désespoir. Il attendit l'heure sacrée – ou l'heure fatale –, il ne savait plus où il en était. Tantôt la tempête soufflait dans son crâne. Tantôt il parvenait à se raisonner. Il se disait que Moha mentait, qu'il jouait avec lui au chat et à la souris. Non, il n'imaginait pas Salma dans ce genre de soirées. Elle respirait l'innocence. Certes, la frontière est bien mince entre l'innocence et la perversité ! Tout de même, il y avait le vieux !

Le vieux existait-il vraiment ? N'était-ce pas un mensonge ? Un piège pour le rendre jaloux ? Le Ragd, les anges, le vieux ! Et si Salma donnait plutôt dans la mythomanie, dans les mensonges, jusqu'à en faire un jeu, jusqu'à se doter d'une vie irréelle et méprisable ?

Il se posait encore bien des questions à son sujet, quand elle apparut, tel un ange (il avait envie de dire « une ange »), exquise et fragile dans sa djellaba blanche qui ne laissait rien voir de son corps.

Elle le regardait en silence, se contentant d'un sourire charmant.

Il répondit à son sourire. Il sut tout à coup qu'elle ne le décevrait pas. Cette fille n'était pas une pute, c'était plutôt une sainte. Tout en elle respirait la pureté, la chasteté. Et c'était justement pour la préserver du vice, pour l'écarter d'un vieux salaud, qu'il payait de sa poche, sacrifiait ses économies. Il se dit qu'il ne tournait pas rond, qu'il était certainement unique, le seul au monde à pratiquer ce genre de sauvetage.

Sans transition, il demanda :

– Qu'as-tu fait la nuit passée ?

– La nuit passée, j'ai conversé avec mon ange.

– Et après ?

– Après, je me suis couchée.

– Tu as pensé à moi ?

– Oui, j'ai pensé à toi. Mon ange m'a renseigné. Il m'a dit que tu étais un garçon romantique, et que tu vivais avec moi une histoire d'amour comme celles que l'on entend dans les chansons ou que l'on voit dans les films indiens.

Nicolas marqua la surprise :

– Ton ange t'a raconté ça ? Tu me fais marcher, Salma !

Elle demanda ingénument :

– Ça veut dire quoi, faire marcher ?

– Se moquer, faire croire des choses que l'on ne ressent pas, ou bien qui n'existent pas.

Elle nia avec force :

– Non, il m'a dit que tu voulais absolument me préserver de la pauvreté, car tu craignais qu'il m'arrive une catastrophe.

Elle ajouta :

– Je lui ai demandé de quelle catastrophe il s'agissait. Il m'a répondu : « La misère ».

Nicolas approuva l'ange :

– Il a raison, la misère est une catastrophe, mais vendre son corps en est une autre.

Elle ne s'insurgea même pas. Elle dit :

– Tu te racontes n'importe quoi, on dirait que tu adores te faire mal. En tout cas, tu m'aimes peut-être, mais tu ne me comprends pas. Tu suis ton idée, comme le chameau suit la caravane. Tu devrais marcher autrement, prendre un autre chemin.

Il ne put s'empêcher d'ironiser :

– Voilà que tu philosophes, maintenant ?

– C'est quoi, la philosophie ?

– C'est une manière de voir, de penser, de comprendre, d'analyser les choses, d'en tirer des conclusions.

Elle lui adressa un magnifique sourire et dit :

– Eh bien, justement, c'est toi qui devrais philosopher et réfléchir un peu plus...

Il se cabra :

– Tu me racontes des choses impossibles. Pourquoi ne pas les croire ? Je suis perdu entre ta vérité et tes mensonges. Alors, bien sûr, j'imagine. Tu sais, l'imagination, c'est aussi une philosophie.

Elle le coupa :

– Tu imagines mal, parce que tu imagines le mal...

Il s'écria :

– Ça suffit, Salma. Comment veux-tu que je réagisse, quand tu m'apprends ta liaison avec un vieux ?

– Qui te parle de liaison ? Et s'il s'agissait d'une bonne action ?

Il n'en pouvait plus. Mais où voulait-elle le mener ?

Il répondit :

– C'est ça, avec le vieux, l'islam te pardonnera ?

Elle eut alors des mots qui désarmèrent Nicolas :

– Oh non, là, au contraire, l'islam me remercie.

Ne sachant que faire, que dire, il sortit quatre cents dirhams de sa poche et les jeta de l'autre côté du muret.

Comme si de rien n'était, sans montrer le moindre sentiment de honte, elle se baissa et ramassa les billets.

La grâce, le naturel de Salma l'exaspéraient. Il lança :

– Dis-moi au moins que je ne fais pas ça pour rien ?

– Non, tu le fais pour moi et tu as raison. Un jour, je te dirai la vérité.

Elle s'en alla aussitôt. Il crut l'entendre pleurer dans les escaliers. Il eut soudain l'impression d'être un rédempteur, une sorte de héros sentimental. Il fut pris de fierté, à croire qu'Allah l'encourageait également à sauver Salma du désastre. Il s'adressa au Ciel et murmura :

– D'accord, l'ange. Tu peux compter sur moi.

Nicolas devait d'abord compter sur lui-même. Il eut une envie irrépressible de sortir, de briser ce huis clos envoûtant mais oppressant.

De quelle vérité s'agissait-il ? Il se lança au hasard à travers les souks. C'était la fin de l'après-midi. L'heure à laquelle le souk Semmarine se transforme en marée humaine. Difficile de se frayer un passage. D'ailleurs, personne ne cède. On se bouscule, on s'invective, on joue des bras, des coudes. Nicolas n'avait jamais vu cela. Une telle indiscipline, une telle rudesse mêlée de force tranquille.

Il prenait conscience de la vérité des souks, toutes ces contradictions qui en font le charme indéfinissable.

Cette vérité qui incite à la flânerie, au jeu du marchandage. Le souk, c'est l'antithèse de l'hypermarché. Pas de chariot, pas de caissiers, pas de vigiles. La liberté de s'inventer des achats, de s'arrêter, d'entreprendre une discussion sur le prix de tel ou tel objet et de partir sans rien acheter, avec « Inch Allah », et le sourire en prime.

En France, on utilise souvent l'expression « Quel souk ! » pour désigner le désordre. Rien de plus faux. Il constatait au contraire que ces marchés s'étalent selon un ordre très hiérarchisé, où tout est exposé de façon réfléchie.

Nicolas déambulait distraitement, observant les uns et

les autres. À chaque étal, ou presque, on l'interpellait : « Viens chez moi, gazou, ici c'est moins cher, je te ferai un prix. » Il répondait aimablement, sans plus. Il avait l'esprit ailleurs.

Il réfléchissait. Il s'engagea au hasard dans la plus large artère du souk, celle qui traverse la Médina de la place Jemaa-el-Fnaa jusqu'à la Médersa, à l'extrême nord. Quelle foule, quel dynamisme, quelle vitalité ! Et, parmi cette foule, d'innombrable montagnards berbères, descendus des hauts plateaux et des lointaines vallées pour se ravitailler. On les reconnaît à leur fierté, à leur port altier, à leurs yeux fascinés par l'opulence. Ils achetaient n'importe quoi, l'utile, des couvertures, des ustensiles de cuisine, et le superflu, des portables dernier cri pour appeler la famille lointaine, mais aussi les esprits.

Il émanait de cette foule compacte une sorte de clameur ininterrompue où se mêlaient les ordres claquants des charretiers et des porteurs : *« Balek, balek ! »* (Attention, attention !)

Nicolas zombifiait. Il se frayait difficilement un chemin à travers cette marée indisciplinée mais si bien canalisée.

Il laissa sur sa droite une petite place, celle de l'ancien marché aux esclaves. Tant bien que mal, il imaginait l'endroit où, autrefois, il n'y a pas si longtemps, on enchaînait de pauvres bougres. Et, parmi eux, les Gnaouas que l'on kidnappait au Soudan pour les vendre à la criée.

De cette souffrance et de cette tragédie gnaoua est née cette sorte de blues si typique de leur communauté.

Nicolas continua toujours tout droit. Il allait vers le nord, attiré par un immense toit de tuiles vertes. C'était la Koubba des Almoravides.

Il entra au musée qui jouxtait la Médersa. Il réservait la visite de cette ancienne école coranique pour une autre fois. Cela occuperait ses terribles journées d'oisiveté dans l'attente de retrouver Salma.

Ce mois-là, le musée exposait les photos d'une artiste allemande consacrées aux hammams à travers le Maroc.

Nicolas paya machinalement et traversa le patio démesuré et ses fontaines à l'avenant. C'était impressionnant, mais guère propice à ces portraits intimes. Partout, des femmes, des femmes et encore des femmes. Des nudités assumées, naturelles.

Trop occupé de lui-même pour ressentir la sensualité qui se dégageait de certaines images, Nicolas regardait sans éprouver la moindre émotion. C'étaient des plantureuses, des lascives, dont la chair débordait. Les hanches, les fesses, les seins, dévoraient l'espace. Il se demandait à partir de quel âge grossirait Salma. Il ne supporterait pas semblable ogresse auprès de lui. Sans doute devrait-elle bannir les sucreries, réfréner ses envies de thé à la menthe.

Il en était là de ses réflexions, quand un jeune Marocain à l'allure fringante s'approcha et lui proposa :

– Ça te plairait de voir des femmes nues, dans un vrai hammam ?

Sans attendre la réaction du Français qu'il observait depuis un moment, il ajouta :

– Je connais un endroit où l'on peut contempler les plus belles gazelles de Marrakech.

Encore sous le choc des révélations de Moha, Nicolas demanda :

– Cela se passe chez des Marrakchis ?

– Oh non, les Marrakchis ne s'amuseraient pas à ça. C'est dans une villa du Guéliz, des Allemands.

Nicolas détestait ce genre de trafic. Il était contre les marchés aux femmes, contre tout voyeurisme, contre toute maniaquerie sexuelle. Et pourtant, c'était plus fort que lui, cela tournait même à l'obsession, il se dit que Salma figurait peut-être au nombre des gazelles. Il s'enquit :

– C'est quel genre de filles ?

– Des vierges, répondit l'autre, catégorique.

– C'est cher ?

– Cent dirhams le quart d'heure.

Il accepta. Il pensa qu'un quart d'heure serait suffisant.

– Elles ne font que s'exhiber ?

– Je ne sais pas, dit le rabatteur, c'est à toi de voir.

– C'est loin d'ici ?

– Juste à côté.

Ils sortirent du musée et prirent un taxi sur la place. Il les mena jusqu'à l'avenue de la Liberté. Ils descendirent. Le type avait dans les vingt-cinq ans. Il louchait et marchait en crabe. Une centaine de mètres plus loin, ils s'arrêtèrent devant la porte d'une villa équipée d'un vidéophone.

– Je te laisse là, donne-moi vingt dirhams annonça le loucheur.

On entendit le déclic de la serrure. Une hôtesse habillée à l'européenne attendait le visiteur derrière la porte.

– Bonjour, tu viens pour le hammam ?

– Pourquoi, s'enquit Nicolas, il y a autre chose ?

– Il y a d'autres choses le soir, mais c'est beaucoup plus cher, dit l'hôtesse de sa voix charmante.

Elle ajouta :

– Beau comme tu es, ça devrait t'intéresser.

Il préféra couper court :

– Non, je ne suis jamais libre le soir.

– Bon, suis-moi.

Ils traversèrent un vaste patio à la végétation touffue, puis elle l'entraîna dans les escaliers. Ils montèrent jusqu'au troisième étage et empruntèrent ensuite un dédale de galeries.

Plusieurs maisons communiquaient ainsi. Chacune possédait son entrée dans un derb différent. En cas de fuite, c'était pratique. Tout semblait étudié et conçu pour préserver le caractère clandestin de l'endroit.

Parvenus au terme d'un parcours quelque peu labyrinthique, ils redescendirent au rez-de-chaussée, lequel contrastait par sa sobriété. Ni arbres, ni plantations d'aucune sorte. Des murs blancs et aveugles, un seul passage en forme d'arabesque par lequel on s'engouffrait.

Le hammam était là, au fond, avec sa coupole enfumée. Cela sentait bon le bois d'olivier qui se consumait.

– Déchausse-toi, conseilla l'hôtesse, et laisse tes habits au vestiaire.

Nicolas s'écria :

– Mais je ne veux pas me baigner, je veux juste regarder !

– C'est comme tu préfères, répondit l'autre en souriant, il n'y a pas d'obligation. Allez, entre. Je t'attends dehors.

Il quitta ses tennis et entra dans le vestibule. Il faisait chaud et humide, à croire que les murs transpiraient. C'était sombre, presque noir.

Il avança à tâtons et buta contre une cloison. De l'autre côté, il entendait des rires, des clapotis, des jeux d'eau.

Il chercha la fameuse glace sans tain dont lui avait parlé le rabatteur. En fait de miroir, il n'y avait qu'un judas où coller son œil.

Auréolées d'une lumière filtrante où flottaient des

nuages de vapeur bleutée, une dizaine de jeunes filles nues s'ébattaient gaiement.

C'était frais, charmant, désirable. On aurait dit une esquisse de Delacroix, une ébauche à la Majorelle.

Nicolas soupira. Salma n'y était pas.

Il sortit aussitôt, et paya ses cent dirhams à regret. L'hôtesse le trouvait mignon. Elle prit l'argent et l'accompagna jusqu'à la sortie, toute proche.

– Dommage pour le soir, dit-elle, moi, je te verrais bien au bain avec d'autres jeunes gens...

Il la fusilla des yeux.

Troisième partie

Le sacrifice

En protégeant Salma, Nicolas avait l'impression de protéger toutes les jeunes filles du Maroc, toutes les filles de l'islam. C'était un idéaliste, un adolescent perturbé et passionné.

L'argent venant à lui manquer, il se servit dans le sac de sa mère. Elle s'en aperçut et accusa la femme de ménage. Elle était sur le point de la renvoyer, quand Nicolas, peu fier, se démasqua. Alice fut très dure :

– À seize ans, on ne vole pas, on demande.

Il répliqua :

– Non, à seize ans, on n'ose pas demander, alors on vole.

– Désormais tu n'auras plus un sou tant que nous serons à Marrakech.

Il la nargua :

– Ne t'en fais pas, je sais où en trouver !

Il rongea son frein toute la nuit. Tant pis. Sa mère le poussait à bout. Il avait le sens du sacrifice.

Au matin, il se fit servir un petit déjeuner dans la chambre par la servante, qui le remercia. Il n'y avait pourtant pas de quoi. C'était lui le voleur, pas elle.

Moha fut surpris de voir arriver le gazou. Le beau blond aux lèvres si gourmandes ne paraissait pas en forme. Le boutiquier prit les devants.

– J'ai vu passer ta mère, elle avait l'air drôlement furax !

Enfant, Moha avait séjourné à Saint-Étienne. Son père travaillait à Manufrance. Il possédait encore quelques notions d'argot.

Nicolas ne répondit pas directement. Il dit :

– Tu m'offres un thé ? Il faut que je te cause.

– Mais bien sûr, gazou, on va causer, tu sais, tout ce que j'ai ici est à toi.

Ç'aurait pu être une formule de grande politesse, une façon de recevoir un hôte de marque, sauf que le geste de Moha ne désignait pas les tapis, mais son bas-ventre.

Nicolas ne montra pas son dégoût. Il n'en pensait pas moins.

– Tiens, installe-toi là, je vais préparer le thé moi-même. Un secret, c'est un secret, n'est-ce pas ?

Il plaça deux coussins dans le dos du gazou, puis, naturellement, il lui retira ses baskets.

– Excuse-moi, dit Nicolas, je n'y ai pas pensé.

Tandis qu'il entendait Moha discuter avec l'esclave, qu'il renvoyait chez lui pour la matinée, Nicolas tentait de se persuader qu'il agissait par romantisme. Il pensa à Rimbaud, à Verlaine. Il se rappela la phrase de Lamartine : « Un seul être vous manque et tout est dépeuplé ». Pour rien au monde il ne voulait perdre Salma. D'accord, il n'était pas poète, mais Salma, c'était sa muse, son égérie. Pour elle, il se sentait capable de déplacer l'Atlas.

Moha revint en portant le plateau. Il sifflotait. Manifestement, il était nu sous sa djellaba carmin. Nicolas tenta un sourire. Il était crispé, mal à l'aise. C'était trop tard pour reculer. Il avait besoin d'argent. Salma restait intègre à ce prix. À vrai dire, la situation était rocambolesque. Au nom de la morale et d'un idéal de pureté, il interdisait à Salma de se prostituer. Et voici qu'à son tour, au nom de cette même morale, de ce même idéal, il était amené à se prostituer lui-même. Il hésitait entre honneur et déshonneur. Devait-il s'estimer, ou se sentir avili ?

Moha ne s'interrogeait guère. Il posa le plateau, laissa sortir l'esclave, et baissa le rideau de fer comme si de rien n'était. Les boutiquiers du voisinage, assis devant leur porte, ne s'en formalisaient pas. L'homosexualité a ses codes. Et Moha les respectait : être comme tout le monde, ne pas afficher ses goûts. Ne rien faire, ne rien montrer en public. Ne pas en parler. Au Maroc, seul celui qui est passif est qualifié d'homosexuel. Parfois, il est méprisé. En revanche, l'actif, le viril reste un homme respecté.

Cela ne se passa pas très bien. Nicolas se montra rétif. Il y eut du dégoût, de la violence. Pour rien au monde il ne renouvellerait l'expérience.

Il promit quand même de revenir. Il n'était plus à un mensonge près. Dans quelques jours il serait à Paris. Et, d'ici là, il espérait bien remettre Salma dans le droit chemin. Quoi qu'en dise Alice, sa mère, il ne désespérait pas de la prendre pour femme, dût-il, lui, l'athée, le rebelle, se convertir à l'islam. Par amour, et pour l'amour, il était prêt à toutes les bassesses, à toutes les compromissions, comme à tous les héroïsmes et sacrifices. Ne venait-il pas de le prouver en allant se vautrer chez un marchand de tapis ? Quelle différence y a-t-il entre faire la pute et être une pute ? Entre l'émulation et la simulation ? Il ne se sentait pas grandi pour autant. Peut-être était-il tout de même mieux armé pour affronter l'avenir ? Et puis, n'avait-il pas reçu trois mille dirhams d'avance, le prix d'un kilim de deux mètres sur trois ?

– Une avance, avait bien précisé Moha. Et n'oublie pas : « Qui paye ses dettes s'enrichit ».

Il pensa au mariage tout la journée. Il se voyait vivre à Marrakech, avec Salma, dans un somptueux ryad. Ils auraient des enfants, des nounous. Ils feraient l'amour toute la journée, sans lassitude, passionnément. Peut-être l'obligerait-il à porter le voile ? Oh, pas dans la rue. Non, juste à la maison, comme cela, pour faire sexy et mystérieux.

Il irait à la mosquée. Il ferait Ramadan. Il s'habituerait à la frugalité. Pas un verre d'eau, pas une bouchée de pain durant la journée. Passe encore quand le Ramadan tombe les mois d'hiver. Mais quelle torture l'été, quand il faut jeûner et se priver de boisson par quarante degrés à l'ombre.

Moha lui avait confié qu'un Marocain surpris par son voisin un verre d'eau aux lèvres était susceptible d'être dénoncé. La police ne faisait pas de quartier. On embarquait aussitôt l'hérétique en direction du commissariat ou de la prison. S'il était surpris en train de manger, la peine infligée était encore plus lourde.

Cela ne faisait rien. Bien que trouvant ces méthodes barbares, bien que la religion primât sur les lois de l'État et brimât le peu de liberté qu'accordait la laïcité du gouvernement, Nicolas s'y voyait déjà.

En crise d'adolescence, et contrairement aux jeunes Marocains, Nicolas se fichait éperdument de la virginité. Seuls comptaient les sentiments éprouvés, le fond de l'âme. Il le savait, on trompe davantage avec son cœur qu'avec son corps, avec ses yeux qu'avec sa bouche.

Il parlerait à Salma. Il n'était pas certain d'avoir le

droit de se marier à seize ans. Les imans, les parents, refuseraient certainement. Il n'avait pas de métier, pas de maison, pas de fortune personnelle. Certes, Alice était riche, de famille. Elle possédait plusieurs propriétés : une en pays d'Auge, une seconde en Camargue, une troisième à Saint-Tropez. Et puis elle jouait en bourse. Elle travaillait. Elle discutait elle-même de ses contrats. C'était une femme de tête, une femme d'affaires.

Il ne demanderait pas un centime à sa mère. Mieux, il garderait son projet secret. Il l'entendait déjà le traiter de fou, de pauvre petit garçon paumé. Il n'avait pas envie de se défendre, pas envie de la braver.

D'accord, il n'avait que seize ans. Eh bien, il attendrait d'en avoir dix-huit, ou vingt, ou même davantage. Et puis, pourquoi ne braquerait-il pas une banque ? Pour Salma, il était prêt à tout. Il raflerait un ou deux millions d'euros, à main armée, évidemment. Et puis, ni vu ni connu, il s'envolerait pour le Maroc. Il y achèterait un palais pour sa reine.

Oui, il allait discuter de tout cela avec Salma. Il voulait l'écouter, connaître sa pensée. Il voulait surtout être sûr d'elle. Sûr qu'elle respectait le pacte.

Ils se retrouvèrent juste avant la prière qui annonçait la fin du jeûne. Ils avaient quelques minutes avant qu'elle ne redescende prendre le ftor en famille. Cette réunion autour du petit déjeuner du soir revêtait un caractère sacré.

D'emblée, il tendit les quatre cents dirhams promis.

Elle les prit et les glissa dans la poche de sa tunique.

Il demanda :

– Qu'as-tu fait hier soir ? Tu as regardé la télévision ?

– Nous n'avons pas de télévision.

Elle désigna sa minuscule terrasse et ajouta :

– Pas d'antenne, pas de parabole comme chez toi.

C'était vrai. Ni antenne, ni parabole.

Il avoua :

– Tu m'as terriblement manqué. J'ai pensé à toi toute la journée.

Il demanda, non sans appréhension :

– Et toi ?

– Moi aussi, j'ai pensé à toi. Je me suis endormie en lisant des magazines féminins. Tu sais, je ne dors pas très bien, je partage mon lit avec mes deux petites cousines de huit ans.

– Ce sont des Ragd, elles aussi ?

– Non, mais elles étaient encore bébés quand leur père est parti. Depuis, on ne sait rien de lui. Il est peut-être en France ou en Allemagne ? Peut-être mort ? En tout cas, il n'a jamais donné de ses nouvelles. Alors, ma tante est venue vivre avec ma mère. On a recomposé une famille. Hélas, il manque des hommes.

Il en profita :

– Je pourrais être l'homme qui vous manque.

Elle pouffa de rire :

– L'homme de ma mère, ou l'homme de ma tante ?

– Ne sois pas cruelle.

Elle cessa de rire, et demanda sérieusement :

– Tu voudrais être mon mari ?

Il répondit, catégorique :

– Absolument !

Elle s'écria :

– Tu es très gentil, mais c'est impossible. Je t'ai déjà expliqué pourquoi. Entre toi et moi, il y a l'islam. Et l'islam m'interdit de te prendre pour mari. Et puis, tu es bien trop jeune !

– Trop jeune, moi ? Mais nous avons le même âge !

– Comment pourrais-tu assumer ma famille ?

– Ta famille ? Pourquoi ta famille ?

– C'est comme ça. Si tu m'épouses, eh bien, tu épouses aussi ma mère, ma tante, et mes cousines.

Il n'en revenait pas.

– Tu veux dire que je les épouse vraiment ?

– Pas du tout. Je veux dire que tu dois les entretenir, les nourrir, les habiller, et les aimer.

– Les aimer ?

– Oui, les aimer d'amitié.

Il s'exclama :

– Eh bien, c'est d'accord.

Elle tempéra :

– Chez nous, on ne décide pas de son mariage sur un coup de tête. Il faut réfléchir longtemps, peser le pour et le contre. Tu devrais le comprendre : un mariage, c'est le contraire d'un coup de foudre. C'est quelque chose qui engage, quelque chose de solide, quelque chose qui dure toute une vie. Le coup de foudre, ce que tu éprouves pour moi, ce n'est qu'un éclair. Cela m'éblouit, bien sûr, c'est comme le flash d'un appareil photo. Mais que reste-t-il après, sinon une petite lumière floue qui trouble les yeux ?

Elle lui faisait une sacrée morale. Elle n'avait pas tort, et il en convenait. Il essaya de se rattraper.

– Je te parle mariage, je ferais mieux de te parler de fiançailles. Suppose que l'on se fasse une promesse. Celle de s'attendre autant de temps qu'il le faut, des années et des années, si nécessaire.

Elle paraissait réellement touchée. Elle dit :

– Une promesse n'est qu'une promesse. Encore faut-il la tenir, trouver assez de force et de raison pour ne pas la trahir. Tu devrais le savoir, le temps efface bien des choses. Si cela se trouve, une fois en France, tu ne penseras même plus à moi.

– C'est faux ! Je t'écrirai chaque jour.

Elle ajouta :

– Chaque jour, oui. Jusqu'au moment où tu ne m'écriras qu'un jour sur deux, puis un jour sur quatre. Et, pour finir, plus rien ! Oubliée, Salma !

Son réalisme irritait Nicolas. Il la souhaitait aussi folle que lui, prête à dire oui, prête à s'emballer. Ils avaient le même âge. L'un était encore dans l'enfance. L'autre était déjà adulte.

Contrarié par le réalisme de Salma qui le repoussait, alors qu'il donnait tant de gages, tant de preuves de bonne foi, il pensa qu'elle en aimait un autre. Est-ce que sa mère n'avait pas arrangé un mariage pour bientôt ? Le vieux était peut-être fortuné ? On épouse un vieillard riche. On obtient une donation. On attend sa mort. Ensuite, on est tiré d'affaires. Il fut pris d'une bouffée de délire. Il voulut absolument connaître ce qu'elle avait fait la veille au soir. Il la suspectait d'être retournée chez le vieux. Il était sur le point de la questionner, quand il eut une autre idée. Il ne restait qu'une minute ou deux avant l'appel du muezzin. Il en profita :

– Est-ce que tu peux te lever la nuit, sans que tes cousines s'en aperçoivent ?

Naïvement, elle répondit :

– Bien sûr, elles dorment comme des anges.

– Eh bien voilà, c'est très important. Je te donne rendez-vous ici même à quatre heures du matin. Il eut l'impression qu'elle se raidissait. Gênée, elle répliqua vivement.

– À quatre heures, cette nuit ? Mais c'est impossible, tu n'as pas entendu comme la porte grince ! Ma mère monterait aussitôt.

– Eh bien, laisse-la entrouverte.

– C'est pareil, il y aura des courants d'air dans toute la maison.

Il prit une voix tragique :

– Écoute, Salma, fais ce que tu peux avec la porte, mais si tu n'es pas ici à quatre heures du matin, je me jette dans le vide.

Elle l'observa. Il était pâle, fébrile. Elle voulut l'interroger, comprendre, mais les voix croisées des muezzins l'en empêchèrent. Elle le quitta vivement, sans se préoccuper de la porte rouillée.

Il gagna la terrasse inférieure, et se laissa aller sur une chaise longue en bois de teck.

Ici, tout était beau, fleuri, arboré, décoré, raffiné. Le soir, on pouvait y dîner jusqu'à la mi-octobre. Il y avait même un système de monte-plats, et une sonnette pour avertir le personnel. La maison louée par Alice appartenait à un couple d'écrivains italiens. Mais, depuis la publication du livre d'Oriana Fallaci qui s'en prenait violemment à l'islam et aux musulmans, les Italiens évitaient de se montrer à Marrakech.

Quand il entendit sa mère rentrer, Nicolas quitta la terrasse et vint à sa rencontre. Elle le trouva charmant, détendu. Elle se dit qu'il avait revu la petite pute, et qu'elle s'était donnée à lui. Elle pensait que ça allait enfin faire de son fils un homme mûr. Non, elle se trompait. Le temps de poser son sac et de se recoiffer d'un revers de la main, elle l'entendit demander :

– Que ferais-tu si je me suicidais ?

Elle fut parcourue de frissons. Pour dédramatiser, elle adopta un ton léger.

– Pourquoi, mon chéri, tu as l'intention d'en finir avec la vie ?

Il répondit de façon tout aussi décontractée :

– Ce n'est pas exclu.

– Cela t'est venu comme ça ?

– Oh non, il y a longtemps que j'y pense.

Elle minimisa :

– Tous les adolescents pensent au suicide, très peu heureusement passent à l'acte. Ils préfèrent mourir de plaisir avec une fille.

Elle le regarda droit dans les yeux, et prit une voix plus grave.

– Je vais t'avouer une chose, Nicolas, moi, à quinze ans, j'ai failli me foutre en l'air.

Il observa sa mère autrement que d'habitude. Il dit :

– On peut savoir pourquoi ?

Elle répondit simplement :

– Pour rien. Comme cela, sans raison, sans même être

malheureuse. Il m'a semblé tout à coup que le monde était absurde, que ma vie m'appartenait, et que j'avais le droit de l'abréger.

– Tu as fait comment ?

– J'ai pris le revolver à barillet de mon père.

Il l'interrompit :

– La roulette russe ?

– Oui, c'est cela, la roulette russe. J'ai fait tourner le barillet. J'ai placé le canon sur ma tempe. J'ai respiré un grand coup. Je n'ai entendu que le bruit du chien qui percutait le vide. Il me restait encore une balle. J'ai hésité un moment. Et, tout à coup, j'ai vu défiler en accéléré toutes les choses importantes qui m'étaient arrivées dans la vie. Le phénomène est bien connu. Je me suis crue morte, alors j'ai tiré pour la seconde fois. Miracle ! Un tour de plus, et c'était le bon.

Il eut de l'admiration pour sa mère. Sans y penser, comme cela, instinctivement, il dit :

– Et qu'est-ce que je serais devenu, moi ?

Elle s'efforça de rire :

– Toi ? Mais tu étais dans les limbes, mon chéri !

Elle retourna plus gravement les choses :

– Pense plutôt à ce que je deviendrais moi, si tu décidais d'en finir sur un coup de tête.

Il ne put s'empêcher de la provoquer :

– Tu crois que je verrais défiler ma vie en accéléré, si je me jetais du haut de la terrasse ?

– Sûrement, mais je ne te conseille pas d'essayer. On ne se suicide pas pour une petite pute.

Il s'écria pompeusement :

– C'est peut-être une pute, mais je la réhabilite. Je crois en sa rédemption.

Elle dit :

– Et quand tu ne seras plus à Marrakech, quand tu ne seras plus là pour l'entretenir ?

– Je serai toujours là.

Elle se mit franchement en colère.

– Arrête de déconner, Nico, reviens sur terre !

– Je ne déconne pas. Pourquoi je ne finirais pas ma dernière année au lycée français du Guéliz ?

– C'est ça, tu t'installes ici ! Et avec quoi tu payes le loyer ? Et comment vas-tu vivre ?

Elle enrageait.

– Ma parole, t'es complètement cinglé, mon fils ! Il faut te faire soigner. Et en vitesse ! Tu crois peut-être que je te laisserai seul dans ce pays ? Hein, Nico, tu crois que je suis prête à financer tes caprices, sinon ta folie ?

Il répliqua :

– Ce que tu appelles ma « folie », c'est de l'amour !

Elle était hors d'elle.

– Ne me fais pas croire cela, Nicolas, ce que tu éprouves n'est qu'illusion. Tu n'aimes pas, tu crois aimer et tu t'en persuades. Tu es drogué à l'imagination, et tu te complais dans le délire.

Elle se fit un peu moins dure, et demanda :

– Tu me fais peur, Nico. Tu es à un stade où tu risques de franchir toutes les limites.

Il regarda sa mère d'une drôle de façon et dit :

– En effet, j'ai franchi quelques limites, et je n'en suis pas fier !

Elle soutint son regard, et demanda :

– Lesquelles, s'il te plaît ?

Il répondit vivement :

– Ça, tu ne le sauras jamais.

Elle n'insista pas. Elle le savait buté.

– Eh bien, bonsoir, mon chéri, essaie de dormir un peu.

– Dormir, c'est trahir l'amour, c'est oublier l'autre.

– Eh bien, reste éveillé, mon chéri.

– C'est ce que je vais faire.

Il s'approcha d'Alice et l'embrassa sur le front. Il précisa :

– Rassure-toi, je n'ai aucune intention de me jeter du haut de la terrasse.

Nico resta éveillé jusqu'à 3 h 45. Il trouva le temps long, et dut lutter contre ce putain de marchand de sable qui l'empêchait de continuer à lire *Belle du Seigneur*. Au fur et à mesure qu'il avançait dans sa lecture, ses yeux se brouillaient. Il appréciait la brillance du style, la folie, néanmoins certains passages le déprimaient.

Il enfila son short, et monta, pieds nus, les escaliers qui menaient sur la terrasse. La porte en fer ne grinçait pas, mais le loquet n'était pas facile à tirer. Le sol était mouillé. Des flaques d'eau stagnaient là où le bejmat mal ajusté faisait des creux. Il avait plu, et Nicolas ne s'en était pas aperçu.

Il était en avance. Il attendit dans les affres. Viendrait-elle ? Ne viendrait-elle pas ?

Il paria et se mit à compter. Il se donna de la marge. Il irait jusqu'à cinq mille. Si elle arrivait vers les deux mille cinq, ce serait un bon présage. Vers les trois mille cinq, cela irait encore. À partir de quatre mille, il serait assez mal en point, mais ce ne serait pas fichu. Au-delà de cinq mille, il n'aurait pas la moindre chance. Il commença à compter au rythme des secondes, l'espace d'un battement de cœur. Quand il s'approcha des deux mille, il tricha et ralentit la cadence.

À deux mille sept, il entendit la porte s'ouvrir et cessa de compter. Elle avait trois minutes d'avance. Elle paraissait essoufflée. Sans doute avait-elle monté les marches en courant. Un immense bonheur l'envahit. Non, elle ne mentait pas. Elle dormait à la maison, elle respectait le pacte.

Il fondit :

– Tu es merveilleuse ! Je t'aime. Viens t'asseoir sur le muret, que je puisse admirer ma reine de plus près.

Il l'aida à s'y hisser. Pour la première fois, il prenait sa main. Elle la lui laissa le temps d'un baiser furtif sur le poignet.

Installée comme cela sur cette construction mitoyenne, elle était moitié chez elle, moitié chez lui.

Il ajouta :

– Si tu sautais, je te prendrais dans mes bras et je te serrerais très fort contre moi.

Elle répondit :

– Je le ferai un jour, mais pas maintenant, j'ai trop sommeil.

Il fut déçu. C'était davantage une dormeuse qu'une amoureuse.

– Suppose que je t'attrape, et que je te fasse descendre de force.

Elle répondit avec assurance :

– Tu ne le feras pas.

– Comment ça, je ne le ferai pas ?

Il fit semblant de la braver et la saisit par le bas de sa djellaba.

Son sang ne fit qu'un tour. La djellaba était mouillée, les pans tachés de boue fraîche.

Il s'efforça de cacher son désarroi. Il s'en tira par une pirouette :

– Moi aussi, j'ai sommeil. Allez, retourne vite te coucher.

Il faisait froid et humide. Elle ne se fit pas prier. Elle courut vers les escaliers, et, maladroite, se cogna contre la porte. Celle-ci résonna très fort. On entendit la voix rauque de sa mère :

– Salma, mais qu'est-ce que tu fiches là-haut ?

Il s'ensuivit une dispute en arabe qui dut surprendre tout le quartier.

Le doute puis la certitude torturaient Nicolas. C'était sûr, comme deux et deux font quatre. La respiration saccadée, l'essouflement, les taches de boue sur le bas de son vêtement, son air gêné, tout cela ne trompait pas. Elle n'avait pas dormi chez elle, mais chez le vieux. Elle était revenue en courant et elle y retournerait probablement. Il encaissait mal. Elle avait rompu le pacte. Elle s'était moquée de lui. Pire, elle le prenait pour un imbécile !

Trop tard pour en avoir le cœur net. Il aurait dû la suivre. Il la piégerait le soir suivant.

Surtout ne rien dire, rester calme, ne pas l'inquiéter.

Le temps semblait suspendu. Les aiguilles de sa montre n'avançaient pas. Ou si peu, si lentement.

Attendre dix-huit heures lui parut une éternité. Il eut beau traverser la Grande-Place une dizaine de fois entre l'Argana et le Café de France, s'asseoir à la terrasse du café la Koutoubia, commander des cocas et du thé à la menthe, se rendre à pied à l'autre bout de Guéliz, juste pour regarder la façade du lycée Victor-Hugo, c'était intenable.

Vint enfin l'heure de monter la retrouver. Du premier coup d'œil, il la vit. Elle souriait innocemment, comme d'ordinaire. Elle rayonnait de beauté et de charme. Il la complimenta, demanda qu'elle lui tende la main. Il la garda dans la sienne un peu plus longtemps que la veille, et y glissa les quatre cents dirhams, avant qu'elle ne la retire.

Elle pensait converser quelques instants avant l'heure du ftor, quand Nicolas prit un air sérieux et confia :

– C'est une calamité, mais je ne peux pas rester avec toi ce soir. Ma mère m'emmène dîner dans la Palmeraie, chez des amis. Il n'y a rien eu à faire, elle me couve !

Elle ne parut guère contrariée, et demanda :

– C'est quoi, une calamité ?

– Un grand malheur, une catastrophe.

– Je trouve que tu exagères. Ça ne m'empêchera pas de penser à toi. Je ferai comme si tu étais là, avec moi. Je vais caresser tes cheveux, admirer la couleur de tes yeux, et t'embrasser sur le front. Peut-être plus bas...

Il marqua l'étonnement :

– Quand je suis près de toi, tu ne m'embrasses jamais les cheveux.

Elle répondit, en minaudant :

– Je n'ose pas, je suis timide, et puis, c'est défendu...

Il contint son irritation, et lança négligemment :

– Tout n'est pas défendu. Ne dit-on pas que l'islam prêche la tolérance ? À mon avis, l'islam prêche plutôt la guerre sainte. Pourtant, quelque chose me dit que tu t'accommodes de certains versets.

Elle le regarda bizarrement.

– Que veux-tu dire ?

– Tu sais très bien ce que je veux dire ! lâcha-t-il d'une voix sèche.

Elle s'indigna :

– Explique-moi ! Que me reproches tu ?

Il préféra jouer les mecs fâchés et ne répondit pas à sa question. Il se contenta d'un bref au revoir, à demain.

Il quitta la terrasse sans se retourner. Ses tempes cognaient très fort. Il se préparait à sortir. Il était satisfait. Avec un peu de chance, sa ruse allait marcher.

En attendant l'après-ftor, il se replongea un instant dans *Belle du Seigneur*. En vérité, il était bien plus obsédé par Salma que par Ariane.

Dissimulé sous un porche à quelques mètres de leur maison, Nicolas gambergeait. Elle ne tarderait pas à sortir. Il n'aurait qu'à la suivre, qu'à se laisser guider, jusqu'au domicile du vieux. Pas possible, elle l'avait dans la peau !

Il disserta sur la vieillesse : qu'est-ce qu'un vieux ? À partir de quel âge le devient-on ? À cinquante, soixante, soixante-dix, quatre-vingts ans ? Et si le bonhomme n'avait que quarante ans ? Pour une ado de seize ans, un homme de quarante ans, c'est déjà un vieux. Les parents sont des vieux. Sa mère est une vieille.

Caché au fond du derb, à proximité du misérable dar de Salma, il se rendait malheureux. Cela l'occupait. Il aimait s'angoisser et s'attendre au pire. Lorsque par bonheur il était à peu près calme, eh bien, il imaginait les galères à venir. Le comble, c'est qu'il n'était pas défaitiste. Au contraire, il croyait en l'espoir, en la vie, il était optimiste.

D'ailleurs, du fond de lui-même, tandis qu'il épiait la maison de Salma, il implorait sa reine et la suppliait de ne pas se montrer.

Il s'en voulait de jouer les flics. Il se reprochait son attitude, sa mesquinerie. Ce qu'il manigançait là, sous ce porche, ce n'était pas joli-joli. Espionner sa future femme, quelle horreur !

Nicolas se disait tout cela. En même temps, il n'abandonnait pas. C'était plus fort que lui. Plus fort que son raisonnement. Il voulait, il devait savoir.

L'ennui, la fatigue. Il attendit des heures, debout dans l'ombre, appuyé contre un mur.

Peu de gens passaient dans le derb, mais les quelques personnes qui rentraient chez elles, à pied, ou encore en mobylette, s'étonnaient de voir le jeune Français, dissimulé comme s'il préparait un mauvais coup.

Dans la Médina, tout se sait, tout se voit. Et quand on ne sait rien, alors on affabule. Et court, et court la rumeur. Tout le monde médit de tout le monde. Parfois, l'accusé pardonne, se montre indulgent. D'autres fois, on en vient aux insultes, aux coups, au pire aux injures.

Toujours à l'affût, Nicolas collectionnait les états d'âme contradictoires. Plus il attendait, plus il comptait sur sa chance.

Salma ne sortirait pas de sa maison. Salma n'irait pas chez le vieux. Salma respectait le pacte. Il lui cherchait encore des excuses. Et si cette fameuse djellaba tachée de boue avait été portée par sa mère ou sa tante ? Pourquoi pas ?

Viendra, viendra pas, il ne savait plus que souhaiter. Bien sûr, il préférait attendre et guetter pour rien. La voir surgir d'un seul coup serait pour lui une terrible épreuve. Pourtant, attendre en vain le frustrait. Il avait beau se réprimander, et chasser ses horribles pensées, il espérait qu'un autre dénouement, moins plaisant, puisse encore survenir...

Quatrième partie

La révélation

Quand il l'aperçut soudain, Nicolas crut défaillir. Geste instinctif, il regarda sa montre. Il était vingt-deux heures vingt. Comme toutes les femmes de la Médina qui ont peur d'être importunées en pleine nuit, Salma marchait à grandes enjambées.

Il la laissa prendre les devants, et quitta sa cache.

Il la suivait à distance respectable dans les ruelles passablement éclairées.

Salma connaissait son chemin par cœur. Elle aurait pu se retrouver les yeux fermés dans ce dédale de venelles qu'elle parcourait depuis l'enfance. C'était son quartier, sa médina. Elle n'avait aucune raison de se retourner, de se méfier. L'idée d'être suivie ne l'effleurait pas. En arrivant à la hauteur de la mosquée, elle tourna à droite devant le panneau qui indiquait « Interdit aux non-musulmans ».

Elle traversa un passage sombre où dormaient des mendiants recroquevillés sur eux-mêmes. Cela sentait fort l'urine et les ordures ménagères que se disputaient des chats faméliques.

Nicolas la suivait maintenant à vue. À peine une trentaine de mètres les séparait.

En apercevant le panneau, il se dit que le christianisme est plus tolérant que l'islam. Tout le monde, même les impies dans son genre, a le droit d'entrer dans une église. Ici, un non-musulman est forcément un infidèle, donc un sous-homme, un moins que chat et chien.

Dans la tête de Nicolas, c'était la tempête, l'ouragan dévastateur. Il admirait néanmoins l'allure et la sveltesse de celle qu'il aimait. Du coup, il repensa à la djellaba maculée. Ni sa tante ni sa mère n'auraient pu enfiler pareil vêtement. La mère, la tante, c'étaient des grosses. Et même des très grosses. Rien d'ailleurs ne les distinguait des autres femmes du même âge, à croire que la Médina était peuplée d'obèses.

Alice prétendait que les pâtisseries, le thé à la menthe agissaient sur les gènes, de génération en génération. C'était possible. Au Népal, en Inde, pays que Nicolas avait visités l'année précédente, la misère ne se cache pas. En dehors de quelques marchands, tout le monde est squelettique. Au Maroc, si l'on jugeait la population des médinas à la corpulence des femmes et de certains marchands, il semblait que tout le monde mangeait à sa faim. Or il n'en était rien.

Ça se bousculait dans la tête de Nicolas. Mais jusqu'où irait-elle comme cela ? Le vieux habitait-il aussi loin ?

Il se disait qu'elle allait finir par ralentir, par s'arrêter. Non, elle s'engageait dans d'autres ruelles, d'autres derbs.

Le cœur gros, une douleur au plexus, Nicolas suivait. De temps à autre, quelque couche-tard le gratifiait d'un « bonsoir, mon gazou ». Rien de blessant ni de méchant. Nicolas se disait qu'il risquait beaucoup moins dans la Médina que sur les Champs-Élysées.

Salma sortit enfin de la pénombre. Ce derb était interminable. Elle déboucha sur une petite place, un espace qui semblait fait pour la respiration des promeneurs.

À cette heure, la place était déserte. Une dizaine de

vastes ryads s'y élevaient tout autour. Malgré le délabrement de leur enceinte, on imaginait la splendeur passée et l'on se demandait pourquoi ils n'avaient pas encore trouvé preneur. Peut-être pour des raisons familiales, ou à cause d'un héritage compliqué.

Comme Salma se dirigeait vers l'un d'eux, Nicolas se cacha dans l'encoignure d'un magasin d'antiquités. Derrière le rideau de fer, tiré aux trois quarts, le dialogue grandiloquent d'un feuilleton égyptien dont tout le pays se régalait.

Il vit Salma prendre une clef dans sa poche et l'introduire dans la serrure. Ce n'était pas croyable. Elle entrait dans cette maison comme si c'était la sienne.

Aussitôt, le patio s'éclaira.

Cœur battant, Nicolas sortit de l'ombre, et s'avança prudemment vers le ryad dans lequel avait disparu sa bien-aimée.

Jusqu'alors, la vérité restait abstraite. Cette fois, l'abstrait devenait réalité, et la vérité s'imposait avec force. Pas de doute, pas besoin de faire un dessin : nuit après nuit, Salma rompait le pacte. Le vieux vivait ici, dans cette demeure, une demeure dont Salma possédait les clefs. Sa reine, celle qu'il désirait passionnément, menait donc une double existence : le jour dans un taudis, la nuit dans un palais.

Nicolas aimait souffrir. Eh bien, cette fois, il était servi. Non seulement tous ses espoirs de mariage s'envolaient. Non seulement elle avait joué avec sa passion et triché avec les sentiments. Non seulement elle l'avait fait marcher en le blousant, et même en le bluffant avec son ange, mais encore avait-elle accepté son argent. Il eut mal et honte à la fois. Il se trouvait méprisable, et d'une connerie sans limite. Il se prenait pour un type intelligent. Il admirait Rimbaud, Verlaine, Baudelaire, et même Lautréamont, dont il avait lu, à douze ans, les poèmes en cachette. Il se croyait romantique, absolutiste, idéaliste. Fort de ces qualités qu'il s'octroyait, paré de toutes les vertus qu'elles lui conféraient, il était allé se vautrer chez un marchand de tapis. Le romantique n'était autre qu'un pauvre petit tapin. Quant à l'idéaliste, il avait vendu son corps, ou presque, pour les beaux yeux d'une petite pute. Quel gâchis !

Oui, il souffrait. Il était défait, anéanti.

Seule sa douleur l'aidait encore à vivre. Il s'était condamné lui-même. Alors, désormais, il devrait payer. Et pour quoi faire ? Tout ce qu'il avait bâti de chimères s'était écroulé d'un seul coup.

En chancelant, Nicolas fit le tour du palais. Il revint par une ruelle si étroite que deux hommes n'auraient pu s'y croiser. Pourquoi s'était-il engouffré là-dedans alors qu'une voie dégagée, juste à côté, menait à la petite place ? Était-ce par honte, ou le besoin de se faufiler comme un rat par le chemin des rats et des chats ? Le vieux y jetait sans doute ses déchets.

Revenu devant la porte d'entrée ornée d'une main de Fatima en cuivre rouge, il regarda distraitement à travers la fente de la boîte aux lettres. Il ne distingua qu'un long corridor menant au patio.

Il attendit un long moment, l'œil collé à fente. Il espérait apercevoir autre chose que des murs rongés de salpêtre. Une ampoule suspendue n'importe comment oscillait au vent et baladait la lumière de droite à gauche.

Il entendit du bruit de l'autre côté de la place, et se retourna. C'était l'antiquaire, qui fermait son rideau de fer. Son feuilleton venait de se terminer. Celui de Nicolas commençait à peine.

Nicolas alla vers l'homme, et s'enquit timidement :
– Pouvez-vous me dire qui habite dans ce ryad ?
Tout en enfilant une épaisse gandoura de laine, l'homme s'étonna :
– Comment ça, tu ne connais pas Ahmed Ben Mouzoura ? C'est un Hadj. Il a fait quatre pèlerinages à La Mecque. Maintenant, il ne voyage plus, il est malade, et puis, il a tellement aidé les pauvres qu'il n'a plus rien pour vivre.
L'homme hocha la tête d'un air triste, et ajouta :
– De la vie, il ne lui reste plus que la mort. Crois-moi, il ira tout droit au paradis d'Allah.
Nicolas commençait à comprendre. En même temps, il se sentait envahi d'un curieux sentiment. On lui parlait maladie, vieillesse, mort, vertus, et voici qu'il éprouvait une sorte de soulagement. Pas vraiment un bien-être. Plutôt un mieux-être.
Il demanda tout de même avec appréhension :
– Quel âge a-t-il, ce monsieur ?
L'autre grimaça gentiment et répondit :
– Oh, alors là, il est au moins centenaire !
Le « mieux-être » de Nicolas se mua tout de suite en bien-être. À cent ans, on ne fait plus l'amour.
Tout s'éclaircissait.
En même temps, il fut saisi d'un doute. Tout cela paraissait trop simple. Devait-il croire le bonhomme sur parole ? Ne se trompait-il pas de ryad ?
D'un geste, Nicolas désigna le palais dans lequel avait disparu Salma :
– Le vieux monsieur, il habite seul ?
– La plupart du temps, oui. Heureusement, sa petite-fille vient le voir souvent.
– Sa petite-fille ?

Le mieux-être se transforma en un bonheur incommensurable.

– Sa petite-fille, elle s'appelle Salma, n'est-ce pas ?

– Salma, c'est exact. Tu la connais ?

Il s'exclama :

– Si je la connais ! Mieux que cela, je l'aime, je vais me marier avec elle !

L'antiquaire regarda le jeune homme d'un air stupéfait. Drôle de gazou, en vérité !

Le gazou, lui, se disait qu'il était en train de ressusciter. Il y avait de quoi s'ébahir.

– Tu es pressé ? demanda l'antiquaire. Veux-tu que je te montre quelque chose ?

– Pressé ? dit Nicolas. Mais non, j'ai toute la vie devant moi !...

– Bon, eh bien, viens voir mon magasin.

L'autre rouvrit son rideau de fer et invita Nicolas à entrer. C'était une galerie classique, identique à celles que l'on trouve à Mouassine ou dans le Ksour. Somptueux colliers et bracelets berbères, des pièces superbes, des copies parfaites. Objets d'intérieur et d'extérieur, vases, porcelaine de Fès, poignards du Rif, meubles richement incrustés d'ivoire, fauteuils de sultans, fontaines en marbre de Carrare, candélabres d'argent... Les yeux de Nicolas s'arrêtèrent sur une parure d'amazonite, d'un bleu-vert à la Véronèse, où s'intercalaient de grosses boules d'argent massif. L'antiquaire remarqua l'intérêt du jeune homme :

– Tu as raison, ce collier est magnifique. D'ailleurs, il provient de chez Ahmed Ben Mouzoura. C'était la parure de sa mère.

Il fit asseoir Nicolas, et dit :

– Vois-tu, mon gazou, si tu dois te marier avec Salma,

inch Allah, c'est le cadeau à lui offrir. Rien ne lui fera plus grand plaisir. Elle me l'a apportée il y a un mois, elle en avait les larmes aux yeux. C'est que les médicaments coûtent cher, les médecins aussi. Beaucoup de choses qui encombrent ma modeste boutique viennent du palais d'en face. Le saint homme vend peu à peu, pour payer son goutte-à-goutte. Le jour, il faut régler les honoraires de l'infirmière. La nuit, heureusement, il y a Salma.

Il posa sa main sur le genou de Nicolas, et ajouta :

– En voici une qui te rendra heureux ! Mais attention, elle n'abandonnera pas son grand-père pour toi !

– D'accord, répondit Nicolas, quelque peu vexé, j'attendrai !

– Attendre quoi, mon gazou ? La mort du Hadj ?

– Je ne disais pas cela.

– Mais tu le pensais. D'ailleurs, le saint homme est à l'agonie !

– Quel genre de maladie a-t-il ?

– On ne sait pas au juste. Peut-être un cancer, une leucémie, un virus caché et inconnu. Avec les Ragd, c'est toujours particulier. On prétend qu'ils ont un groupe sanguin spécial, différent du nôtre. En cas de transfusion, ils ne tolèrent que le sang d'un autre Ragd, enfin, c'est ce que l'on dit.

Fasciné, Nicolas s'écria :

– Quoi ! Lui aussi, c'est un enfant dormant ?

– Oui, lui aussi.

Il sourit et ajouta :

– Tu sais, entre nous, bien des enfants dormants sont conçus après la mort du mari.

Naïf, Nicolas demanda :

– On congèle le sperme ?

L'autre partit d'un éclat de rire :

– Non, au Maroc, on n'en est pas encore là ! Il s'agit de sperme frais. Vois-tu, la loi coranique n'interdit pas aux veuves de faire l'amour. La veuve est une denrée très recherchée. Elle rend service aux mâles, elle dépucelle les gazous. Enfin, elle fait ce qu'elle peut, et elle a raison d'en profiter...

Un doute effleura Nicolas. Il demanda :

– Le Hadj, c'est le père de la mère ?

– Pas du tout, répondit l'antiquaire indigné. La mère de Salma est une moins-que-rien...

– Je ne comprends pas très bien, dit Nicolas, car si Salma ne connaît pas son père, comment peut-elle connaître le père de celui-ci ?

– En effet, admit l'antiquaire, la question reste à élucider.

Il réfléchit un court instant et finit par admettre :

– Être Ragd, cela incite au mystère. À Casa, il existe une société spécialisée dans la recherche de paternité. Je suppose que Salma a obtenu des précisions.

– Tout de même, s'exclama Nicolas, la mère de Salma doit bien savoir de qui est son enfant !

– Pas du tout, répondit l'antiquaire, pour elle, l'enfant est du mari légitime.

– Cinq ans après sa mort, vous trouvez cela normal, vous ?

– Inch Allah, Dieu est grand ! Et Dieu a toujours raison !

Nicolas ne tenait plus en place. Il voulait tout savoir sur le vieux lettré, sur sa vie, sur sa bibliothèque, que l'on disait unique. Salma avait choisi de vendre les meubles et les bijoux, plutôt que les livres. On parlait d'éditions rarissimes où figuraient tous les grands noms de la littérature arabe et persane. Certains collectionneurs de Casablanca, de Rabat, du Caire et de Londres s'étaient déjà proposés pour acheter le fonds.

Le grand-père et la petite-fille tenaient bon. Ils ne céderaient jamais. Les livres devaient rester dans la famille. Les livres, c'étaient ni plus ni moins que les racines de cette tribu de Ragd. Et cette bibliothèque fabuleuse passerait donc de Ragd à Ragd, à condition bien entendu qu'il y ait une de ces naissances spéciales toutes les deux générations. D'après l'antiquaire, la chose était plus que probable, on pouvait faire confiance aux veuves.

Nicolas était maintenant un être comblé par l'existence. Au dégoût de soi-même succéda le goût de la vie et des choses. En quelques minutes, tout avait basculé dans le bon sens. Ce bon sens, né de la folie comme le Ragd est né de la légende, ce hasard qui organise les rencontres aux croisements des mondes et des êtres, tout cela n'était rien d'autre que le miracle de l'amour.

Nicolas tournait et retournait le collier dans ses mains. Il admirait ce chef-d'œuvre perdu sur lequel Salma avait tant pleuré. Quel plus beau cadeau pouvait-il lui faire ? Il se voyait déjà arriver sur la terrasse et le lui remettre. Il l'imaginait découvrant le joyau, à la fois incrédule et émerveillée.

Non, pas maintenant. Pas comme cela ! Nicolas devait apprendre à freiner ses envies. Pourquoi allait-il toujours de l'avant ? Pourquoi précédait-il l'événement ? Était-ce pour se priver d'une émotion instantanée ? Pour l'atténuer ? Pour vivre par l'illusion, par procuration ?

N'était-il pas, en ce moment même, en train d'offrir cet objet avant de l'avoir acheté ?

Revenant sur terre, il demanda :

– Ce collier, vous me le feriez à combien ?

Il n'avait plus un sou, mais il s'en fichait. Il connaissait suffisamment Alice pour savoir qu'elle ne résisterait pas. L'histoire était trop belle. Elle aussi devait se racheter. N'avait-elle pas traité Salma de « petite pute » ?

L'antiquaire prit le collier et le pesa. La chose ne s'avérait guère facile car il fallait distinguer le poids de l'argent de celui de l'amazonite sans démonter quoi que ce soit.

Nicolas intervint :

– Vous me le vendez au gramme, c'est-à-dire que l'amazonite a la même valeur que l'argent ?

– Non, ici, l'amazonite vaut plus cher que l'argent.

Tout en surveillant l'entrée du palais où sa reine resterait jusqu'au matin, Nicolas se disait qu'il n'y avait peut-être aucun lien de parenté entre Salma et le vieil homme. Qu'à cela ne tienne, c'était encore plus émouvant !

Il revint au collier.

– Je vous préviens tout de suite, j'ai horreur de marchander. Dites-moi un prix, qu'on en finisse !

L'autre répliqua d'une voix douce :

– Pourquoi veux-tu finir avant même d'avoir commencé ? Voyons, gazou, je ne t'ai pas encore cité un chiffre.

Nicolas avança :

– Vous le lui avez payé combien ?

– Je l'ai payé trop cher. Je me suis laissé avoir par le charme de la fille.

– Eh bien, vendez-le-moi comme si vous étiez encore sous son charme !

– C'est-à-dire, gazou ?

– Au même prix.

– Me croiras-tu ? Qui te renseignera sur sa véritable valeur ?

– Salma elle-même.

– Tu oublies une chose, mon gazou. On ne révèle jamais le prix d'un bijou que l'on offre et je ne te vois pas faire une chose pareille. À plus forte raison, je ne te vois pas non plus demander à Salma combien elle me l'a vendu !

Il retira le collier de la balance, et le replaça dans son écrin, une pochette en soie couleur vieux rose :

– Tu me donnes dix mille dirhams, et il est à toi.

Nicolas calcula de tête et s'écria :

– Dix mille dirhams, mais c'est pour rien !

L'autre était stupéfait. Il n'avait jamais entendu de client s'indigner à cause d'un prix trop bas.

Nicolas pensa que le type était peut-être toujours sous le charme de Salma, à moins qu'il ne soit sous le sien ? Il avoua :

– L'ennui, c'est que je n'ai pas d'argent sur moi. Tu me fais confiance, et je te signe un papier, en échange du collier ?

– Inch Allah, comme tu veux, pas de problème.

– Ma mère passera te payer demain. Ça te va ?

L'autre ne discuta pas. Les Marocains sont comme cela, ils marchandent, ils doublent, ils triplent les prix. Une fois l'accord conclu, ils font confiance.

– Pas de problème, mon ami. Prends-le, il est à toi.

Il serra la main du gazou et dit avec malice :

– Bon, faut que je rentre, sinon ma femme va me battre.

Nicolas attendit que l'antiquaire se fût éloigné, puis il se dirigea vers le palais du vieux lettré. Il s'approcha de la porte et colla son œil contre la fente de la boîte aux lettres. Il espérait apercevoir, sait-on jamais, sa bien-aimée flânant dans le patio.

Comme un fait exprès, toutes les lumières de la maison s'éteignirent. Il eut un pincement au cœur. Bon Dieu ! Elle était là, inaccessible et si près de lui. Il avait envie de l'étreindre, envie de se faire pardonner, envie de lui prouver son attachement. Envie de promesses. Envie d'être rassuré. C'était si fort qu'il dut lutter contre lui-même pour ne pas hurler son nom au milieu de la petite place.

Il regarda sa montre, et compta le temps qui les séparait. Insupportable ! Il n'était que minuit.

Attendre de minuit à dix-huit heures, cela relevait de l'enfer. Il en profita pour se croire malheureux.

Et si le grand-père n'était pas le grand-père ? Et si le saint homme n'était qu'un vieux salaud ? Et si l'antiquaire ne lui avait raconté que des conneries ? Non, cela ne tenait pas. Allah n'admettrait pas les perfidies. Il revint jusqu'à Mouassine, son quartier, leur quartier, sans se tromper de ruelle. Avec un peu de chance, Alice ne dormirait pas encore. Sous son caractère dur en apparence, elle cachait une sensibilité de midinette. En écoutant son fils, elle allait s'attendrir aux larmes.

Peu avant la fontaine où venaient jadis se rafraîchir pèlerins et chevaux, un groupe d'homme assis sous une lanterne jouaient aux cartes. Belote ou écarté ? Nicolas n'y connaissait rien. Il préférait encore les joueurs de cartes aux cruciverbistes qui se prennent pour des penseurs. Des cruciverbistes, il y en a plein les trains. Ils planchent sur les mêmes grilles depuis des années. Il suffit de changer les définitions et c'est reparti pour un tour !

En passant à côté des joueurs, il reconnut Moha. Il voulut l'éviter, mais Moha l'interpella :

– Eh bien, mon gazou, que fais-tu donc dans le souk à cette heure-là ?

Ce disant, il quitta son tabouret, et prit le gazou à part.

– Tu fais semblant de ne pas me voir ! Ce n'est pas bien, mon gazou. N'oublie pas que tu me dois quelques visites...

Il s'attendait à une mauvaise réaction, mais Nicolas répondit aimablement :

– Ne t'en fais pas, Moha, tu auras ton argent demain. Et même la totalité de la somme.

Surpris, Moha souffla, d'une voix qui se voulait anodine :

– C'est pas l'argent que je veux, mon gazou, c'est toi.

– Mais tu ne m'auras plus jamais, répliqua Nicolas sur le même ton.

En confidence, il ajouta :

– Je me réserve pour Salma. Nous allons nous marier.

Moha félicita le gazou, et l'avertit :

– Tu sais, l'un n'empêche pas l'autre. Tous mes petits amis finissent par se marier un jour. Ils ne me quittent pas pour autant. Oh, bien sûr, ils ne reviennent pas tout de suite, mais ils reviennent...

Nicolas trouvait Moha puant. Il pensa à son corps, à ses attouchements. D'accord, il s'agissait de sauver Salma de la débauche. Pourtant, il eut honte pour lui, honte pour elle.

Il dit :

– S'il te plaît, je voudrais que tu ne me parles plus jamais de ce qui s'est passé l'autre fois.

– Ne t'énerve pas, gazou ! Comme dit ton Dieu : « Que ta volonté soit faite ».

– Juré ?

Moha fit de l'humour :

– En arabe, on ne jure pas, on injurie !

Nicolas apprécia le jeu de mots :

– Je vais te faire voir quelque chose, dis-moi ce que tu en penses.

Il sortit l'écrin de sa poche. L'autre continua sur sa lancée :

– Le touriste ne pense pas, il dépense.

Nicolas sourit et demanda :

– Tu peux m'évaluer ce bijou ?

Moha le contempla et le soupesa plusieurs fois au creux de sa main. Il émit un sifflement admiratif et confirma :

– C'est une pièce magnifique, où as-tu déniché pareille merveille, mon gazou ?

Nicolas ne tenait pas à révéler ses sources.

– C'est secret. On me l'a confié.

L'autre détaillait l'objet :

– Il s'agit d'un collier berbère de chez les Aït Bougmez. Il a au moins deux siècles, peut-être même deux cent cinquante ans. C'est un présent de mariage. D'ordinaire, les boules d'argent sont creuses, celles-ci sont pleines. Quant aux amazonites, alors là, mon ami, tu ne pouvais pas mieux tomber. À l'époque, seuls les Berbères travaillaient cette matière.

– Cela venait d'Amazonie ? interrogea Nicolas.

– Pas du tout, mais, comme son nom l'indique, on en trouve davantage en Amérique du Sud qu'au Maroc.

– Tu l'estimes à combien ?

– Une pièce comme celle-ci n'a pas de prix. La rareté ne se discute pas.

Il réfléchit quelques secondes et ajouta :

– Cela vaut entre trente millle et cinquante mille dirhams.

– Entre trois mille et cinq mille euros ?

– Peut-être plus.

Il observa curieusement Nicolas et demanda :

– Dis-moi la vérité. D'où vient ce petit trésor ?

Nicolas s'en tira par une pirouette :

– Il vient du palais Royal, le roi veut l'offrir à sa reine...

Ce disant, il tapota l'épaule de Moha, et lança :

– Allez, salut, je pars, je n'ai pas envie de me faire voler.

Cinq minutes le séparaient à peine de chez lui. Cela suffisait pour qu'il se remette à gamberger. Pourquoi lui avait-on vendu ce collier mille euros, alors qu'il en valait cinq fois plus ? L'antiquaire le lui avait-il cédé au prix coûtant ? Dans ce cas, il avait roulé le Hadj et sa petite-fille. Et pourquoi ne pas l'avoir escroqué, lui, un touriste ? Était-il pris de remords ? Regrettait-il d'avoir grugé la belle Salma ? L'aimait-il, ou l'admirait-il ? Les deux, sans doute...

Arrivé devant le ryad, il se rassura. La chambre de sa mère était éclairée. Il allait lui raconter l'histoire d'une petite pute marocaine métamorphosée en sainte d'un coup de baguette magique. Il se régalait à l'avance en imaginant sa tête. Elle commencerait par se défendre. Par dire qu'elle n'avait jamais prononcé pareils mots, que cela ne lui ressemblait pas.

Nicolas n'aurait pas besoin de la harceler bien longtemps. Elle craquerait très vite. Ensuite, il y aurait de l'émerveillement, de l'émotion plein le ryad, des yeux noyés.

Le collier ferait le reste. Elle paierait, bien entendu. Il était sublime. Il lui irait à merveille. Ne venait-elle pas d'acheter chez Beldi, le styliste chic du quartier Mouassine, une robe à l'encolure échancrée ?

Cinquième partie

La possession

Les choses se passèrent exactement comme prévu.

Il y eut des dénégations, de la stupéfaction, de l'émotion, des pleurs, du ravissement. Nicolas ne s'était pas trompé. Alice tenta d'accaparer le collier. Depuis qu'elle chinait chez les antiquaires de Marrakech et d'Essaouira, elle n'avait encore jamais vu d'amazonites aussi pures, un montage d'argent et de pierres aussi réussi. À n'en pas douter, ce collier possédait une âme, une histoire. Il respirait la vie. Il était fait pour elle. D'ailleurs, en examinant le bijou de plus près, elle découvrit des signes, une sorte de poinçon-griffe, qui s'étirait sur plusieurs boules.

N'y tenant plus, elle sonna l'employée de maison, une fille de l'Atlas, qui, chose rare, savait lire. Et même lire le berbère. L'inscription disait « Brahim pour Ilhame ». Brahim les intrigua beaucoup moins qu'Ilhame. Si Brahim venait d'Abraham, un nom somme toute commun, Ilhame venait bel et bien du mot « âme ». En berbère, cela voulait dire quelque chose comme « pour mon âme », ou mieux encore, « Brahim pour mon âme », l'âme étant ici Ilhame, la bien-aimée, l'épouse de Brahim.

Ce Brahim, cette Ilhame, étaient-ils les ancêtres du Ragd Ahmed Ben Mouzoura ? Le lettré tenait-il ce collier de sa propre famille ? L'avait-on transmis d'une génération à l'autre, de Ragd à Ragd, de mère en mère ? Plus probablement, le Hadj avait acquis le collier chez quelque receleur ou usurier pour en parer sa future épouse, le jour de ses noces.

Bien des interprétations s'ensuivirent au cours de la nuit. Mère et fils se renvoyaient les idées, les suggestions. Pour finir, et après avoir avalé gorgée après gorgée une bouteille du meilleur champagne, à mille six cents dirhams, Alice alla jusqu'au coffre mural, et en sortit vingt mille dirhams. Au passage, Nicolas prenait son bénéfice. Carrément du 100 %. Quelques jours avaient suffi pour faire du romantique et du rêveur un bon commerçant marocain.

Mère et fils s'embrassèrent avec effusion. D'accord, la parure irait à Salma. L'histoire était trop belle pour la priver de ce qui lui revenait. C'était un geste superbe. Elle avait cédé le collier de sa grand-mère contre quelques flacons de gammaglobulines. Et l'âme d'Ilhame était passée au goutte à goutte dans les veines du vieux lettré. Grâce à Ilhame, femme de Brahim, ou d'Abraham, une Berbère qu'on ne connaissait que par l'imagination, le grand-père de Salma, âgé d'une centaine d'années, survivait. Et en lui, maintenant, survivait aussi cette Ilhame, morte deux siècles plus tôt dans un ksar de l'Atlas.

Nicolas se disait que l'on pourrait en faire un roman. Il y avait l'esprit et la matière, la magie, les paysages, l'Atlas, l'espace. Il y avait la rudesse, la poésie, les révoltes et cette haine ethnique entre Arabes et Berbères, qui ne se terminerait jamais. Oui, cela valait la peine d'aller faire un tour du côté de chez les Aït Bougmez. Il s'y voyait, avec Salma. Ils mèneraient l'enquête ensemble. Ils se mettraient sur la trace d'Ilhame, dans ses pas, dans sa peau...

Vers les quatre heures du matin, Alice bâilla et monta se coucher.

Nicolas n'était pas pressé. Le collier autour du cou, il égrenait les boules d'argent. Comme bien des gens, il préférait l'argent à l'or. Il pensait à Salma. Devait-il brusquer le sort ? Ou bien, au contraire, rester calme, savourer le temps qui les séparait, minute après minute ? Une maxime lui revint en mémoire, et le fit sourire : « Le temps, c'est de l'argent ». Il trouvait la formule vraiment bateau. Lui, il aurait bien donné les dix mille dirhams escroqués à sa mère pour gagner quelques heures. C'était un impatient, un fougueux. Il se complaisait à se questionner. Il envisageait la suite immédiate : devait-il retourner sur la place ? L'attendre devant le palais du Hadj ?

Non, pas bon. Trop brutal. Le choc, la peur, les cœurs qui battent. Devait-il attendre qu'elle rentre ? Irait-il frapper à sa porte ? Oserait-il affronter sa mère ? Non, pas bon. Et comment le lui dire ? Dire quoi ? Attendre que la porte s'entrouvre, jeter le collier dans l'entrée, et courir se cacher ? Non, pas bon !

Lui faire porter le collier par un gamin, comme on envoie un bouquet de roses rouges par Interflora ? Non, pas bon !

Le soleil chauffait déjà depuis un bon moment cette matinée de novembre, quand la fatigue se fit sentir. En montant se coucher, l'amoureux eut une idée. Oh, rien de bien méchant ! C'était simple. Il entra chez sa mère sur la pointe des pieds et lui chipa ses somnifères. Elle en prenait deux chaque soir. En doublant la dose, il dormirait au moins jusqu'à midi, voire davantage. De midi à dix-huit heures, l'attente ne serait pas insurmontable. Comme à l'accoutumée, il se rendrait à leur rendez-vous quotidien. Et, comme chaque jour, il lui dirait : « Tu es belle, tu es la femme de ma vie. »

Un peu plus tard, il demanderait : « As-tu fait de beaux rêves ? As-tu pensé à moi ? »

Et selon sa réponse, comme toujours, il laisserait percer un soupçon de jalousie. Cette fois, bien sûr, il ne ferait que feindre...

Il avala les cachets, et scotcha un mot sur sa porte. Il priait sa mère de ne pas le réveiller pour déjeuner.

Content de lui, il se mit au lit, et s'endormit presque aussitôt.

Il se réveilla en sursaut. La bouche pâteuse, encore tout ensommeillé, pour ne pas dire abruti, il regarda sa montre. L'effarement ! Seules vingt petites minutes le séparaient de son rendez-vous quotidien. Il prit une douche en vitesse, et se fit monter un petit déjeuner par la servante. Celle-ci tremblait de peur. Elle l'avait cru mort et avait osé joindre « Madame Alice » sur son portable. En réalité, « Madame Alice » terrorisait la petite. Parce qu'elle la payait trois fois plus que le tarif en vigueur, elle se permettait mauvaise humeur et brusquerie.

Une fois requinqué, la tête lourde, les jambes douloureuses, Nicolas mit le collier autour de son cou et se coiffa d'un chèche bleu indigo. Cela lui donnait un côté bourlingeur. Avec ses longs cheveux blonds, ses yeux d'un bleu transparent, son torse nu, son short aux mille poches, il ressemblait à Lawrence d'Arabie. Un Lawrence adolescent, qui tentait là sa première aventure amoureuse. Il ne manquait que les cavaliers au long fusil montés sur des chevaux aux naseaux fumants, et quelques « salopards » planqués derrière les hautes dunes, pour faire vrai.

Il arriva sur la terrasse avant elle.

Elle se faisait désirer. Était-ce pour mieux le séduire ou pour mieux le tromper ?

Jusqu'alors, il l'avait soupçonnée de poursuivre sa relation avec le vieux. Maintenant, il savait de quel genre de relation il s'agissait. Il l'admirait, et pourtant il continuait de s'en méfier. Pourquoi lui avait-elle menti ? Pourquoi avait-elle entretenu la confusion ?

N'empêche, son cœur battait encore très fort.

Sans être vraiment soulagé, il se tourna vers la Koutoubia, et respira à pleins poumons. De la place Jemaa-el-Fnaa soufflait un vent froid en provenance de l'Atlas. En passant au-dessus de la place, où les restaurants ambulants préparaient le repas du soir, le vent s'imprégnait d'une pénétrante odeur de brochettes, réduisant à néant les effluves des roses et des jasmins qui embaumaient les terrasses.

Dès qu'il entendit grincer la porte de fer, Nicolas ramena les pans de sa coiffure touareg sur le cou et y camoufla le collier.

Elle était sublimement belle. Elle s'avança vers lui, solennelle et fière, à croire qu'elle souhaitait le bluffer. Sans bonjour ni bonsoir, elle lança :

– Tu ne seras pas content, mais je n'ai pas passé la nuit à la maison.

– Je sais, répondit Nicolas d'un air entendu.

– Tu ne sais rien du tout, répliqua la jeune fille. J'ai accompagné ma mère à l'hôpital.

Nicolas la trouvait incroyable. Pourquoi ce besoin de mentir ? Pourquoi s'acharnait-elle à l'intriguer ?

Il joua le jeu. C'était cruel.

– Ta maman n'était pas bien ?

– Elle souffrait, mais il ne s'agit pas d'une vraie maladie.

Elle chercha ses mots et dit :

– Cela s'appelle la ménopause. Demande à ta mère,

elle saura. Chez nous, au Maroc, à partir de cinquante ans, les femmes ne sont plus des femmes.

– Elles sont quoi, alors ?

– Des mères, des belles-mères, des grand-mères.

Nicolas l'arrêta et revint à ce qui l'intéressait :

– Pourquoi ne dis-tu pas la vérité, Salma ? Ta mère n'est pas malade, et tu n'étais pas à l'hôpital.

Il ajouta, sur un ton mi-sérieux, mi-désinvolte :

– Tu me racontes tellement de cracks...

– C'est quoi, des cracks ?

– Disons que tu affabules trop et que je n'ai plus tellement confiance en toi.

Il joua les types fâchés et reprit :

– Je sais où tu étais.

Elle se renfrogna :

– Ah oui, et j'étais où ?

– Tu me provoques ou quoi ?

Comme elle semblait le narguer, il dit :

– Je t'ai suivi. Tu as passé la nuit avec Ahmed Ben Mouzoura, un vieux monsieur chez lequel tu couches. Seulement, lui, il ne te donne pas trois cents dirhams par nuit. D'abord, il ne les a pas ! Ensuite, il ne s'agit pas de coucheries.

De rouge, elle devint toute pâle et se justifia d'une voix tremblante :

– Je ne t'ai jamais dit que je couchais avec lui. Tu ne m'as pas bien entendue. J'ai dit que je couchais près de lui.

Il ne s'en souvenait plus très bien. Elle avait peut-être dit « près de lui ». Peut-être avait-il compris « auprès de lui ». Entre ce « près » et ce « auprès », un fâcheux quiproquo, un malentendu s'était installé chez Nicolas pour ne le quitter qu'à présent. Il se sentit stupide. Elle n'était guère plus brillante. Démasquée, elle boudait comme une petite fille. Sa prestance, son aura de madone en prenaient un sacré coup.

Les yeux baissés, elle murmura :

– C'est vrai, j'aime mentir. Comme tu dis, je raconte des cracks. C'est pour me rendre intéressante. Je tiens cela d'une copine qui fréquente des étrangers. Elle voudrait les égaler, alors elle invente sans arrêt des histoires pour les bluffer.

Elle l'épatait. Mieux, elle l'éblouissait. Il l'aimait autant en petite fille prise en flagrant délit de mensonge qu'en Joconde énigmatique.

Il pensa que disserter sur le sourire de la Joconde pourrait faire un beau sujet de nouvelle. Un sourire que l'on croit profond mais qui se révélerait creux, vide, inintelligent. Pire, un sourire de façade.

Nicolas était comme cela. En plein bonheur comme en plein suspens, en plein malheur comme en pleine conversation, il décrochait brusquement pour se mettre à la poursuite d'une idée.

Au bout d'un moment, il revint vers Salma, et lui confia :

– Hier soir, je t'ai pistée à travers la Médina. Tu marchais vite, et très élégamment. J'ai apprécié ton déhanchement, ta silhouette d'étoile filante, et pourtant, crois-moi, mon cœur battait à deux cents à l'heure. Je me disais que tu allais retrouver ton amant. Et quand je t'ai vu rentrer avec ta propre clef dans ce palais, j'ai bien failli m'évanouir. J'avais beau me raisonner, me dire que cette demeure n'avait plus rien de princière, et qu'aucun sultan, aucun notable ne t'y attendait, que seul un vieillard profitait de ton corps, en te touchant, un peu comme un aveugle ou un eunuque le ferait... oui, j'avais beau chercher à me rassurer, je te prenais encore au mot. Je me disais que la Ragd payait la dette de sa mère, et que la mère faisait de sa fille une monnaie d'échange !

Comme Salma tentait de protester, il l'arrêta et poursuivit :

– C'est que l'on m'avait raconté bien des vilaines choses à ton sujet. Je t'imaginais participer à des soirées orgiaques organisées par des Européens. Je t'ai même cherchée dans un hammam où une dizaine de filles s'ébattent devant des voyeurs.

Elle s'indigna pour de bon :

– Ce que tu penses de moi est ignoble. Qu'est-ce que tu veux ? Me faire mal ? Me rabaisser ?

Cela ne se passait pas comme prévu. Il ne savait plus quoi dire. Il était complètement déboussolé.

Elle continuait :

– En fait, tu n'es qu'un sale raciste ! Au Maroc, tu vois des putes partout, même chez les pauvres, même chez les vierges.

Là, elle clama carrément :

– Mais les putes, elles sont chez toi, dans ton pays, elles tournent dans des films immondes. Elles montrent leur nudité à la terre entière. Elles salissent leur âme. Elles assassinent l'amour.

Il essaya de rattraper la situation avec un peu d'humour.

– Elles n'ont pas d'ange gardien ? Ou alors, l'ange est un sale vicieux ?

Elle le coupa :

– Chez nous, aucune musulmane n'accepterait de faire pareille horreur avec son corps. C'est immonde !

Nicolas se rassurait. Il aimait sa douceur mais il aimait aussi ses colères, ses excès. Il dit :

– Après tout, les cochons ont peut-être aussi leur ange gardien ? Pourquoi pas ?

Elle le prit mal.

– S'il te plaît, ne parle pas de cochon ici, en plein Ramadan !

Il partit d'un éclat de rire, et s'écria :

– Je t'aime, je t'aime, mais ce n'est pas une raison pour se masquer la vérité. Tu connais Moha, le marchand de tapis ?

Elle acquiesça. Il continua :

– Eh bien, Moha ne pense pas comme toi. Il voit des putes partout. Et il a d'ailleurs une formule que je trouve assez amusante : « Dans la journée, bien des Marocaines ont la tête tournée vers La Mecque mais, à partir de minuit, les antennes paraboliques se tournent vers XXL, le miroir de l'Occident. »

– C'est faux ! rétorqua Salma. Ce sont les hommes qui regardent XXL.

Nicolas escalada le muret qui le séparait de Salma. Il était maintenant à son niveau, à sa portée. Il allait enfin l'embrasser.

Elle se recula, effrayée, et faillit basculer dans le vide. Il murmura :

– Calme-toi, Salma. J'ai appris la vérité. Le vieux monsieur, c'est ton grand-père. Il est atteint d'une leucémie, qui nécessite un traitement très coûteux. Chaque soir, tu te rends à son chevet pour surveiller le goutte-à-goutte.

Il la prit par la main et la fit descendre de son étroite plate-forme. Elle paraissait anéantie. Maintenant qu'il savait, elle était une fille comme une autre, une fille sans attrait, une fille sans histoire. Une fille fade. Comment, désormais, pourrait-elle intéresser son beau voisin de terrasse ?

D'une voix de petite fille prise en faute, elle dit :

– C'est vrai, j'ai joué avec toi. J'ai essayé de passer pour une autre. J'ai exagéré, je n'ai pas su mesurer les conséquences. À plusieurs reprises j'ai voulu cesser. Impossible, je ne pouvais plus reculer...

Elle se trompait. Il aimait sa simplicité. Il l'aimait en fille normale. Il l'aimait n'importe comment. Il l'aimait comme on aime une fille de la Médina, en secret. Il l'aimait parce que c'était interdit de l'aimer. Il l'aimait parce qu'il risquait la prison, la peine de mort, la peine d'amour.

Il s'approcha d'elle. Il était déterminé.

Il la saisit par la taille et l'embrassa à pleine bouche. Lèvres serrées, elle détourna la tête.

Il n'insista pas. Il s'excusa.

Il ne la forcerait pas. Il avait tout le temps, toute la vie.

Il ne s'y attendait pas.

Salma revint vers lui. Elle le prit par le cou et l'entoura de ses bras.

Depuis leur première rencontre, elle ne pensait qu'à cela. Elle avait imaginé cent fois le geste : l'embrasser et ne plus s'arrêter. De ses longs doigts fins, elle effleura les lèvres de Nicolas. Une manière peut-être de les apprivoiser avant de les dévorer.

Et puis, brusquement, alors qu'elle s'approchait jusqu'à se coller à lui, elle découvrit qu'il portait un bijou, comme une femme...

Comment était-ce possible ? Cela l'étonna. Ça n'était pas le genre de son amoureux.

Contrariée, elle délaissa les lèvres et écarta le foulard de coton pour mieux voir.

Elle laissa tomber les bras et resta stupéfaite.

Incroyable ! Elle savait mentir. Elle savait faire marcher les hommes et jouer sans cesse entre vérité et mensonge. Cette fois, pourtant, Nicolas la dépassait de plusieurs longueurs. Il était ange et magicien. Mais d'où tenait-il cette parure berbère ? Par quel hasard, par quel amour revenait-elle vers elle ?

Il la vit si troublée qu'il ôta le collier et le lui tendit sans dire un mot. Le sourire suffisait.

Elle s'en saisit et le contempla d'un air étrange où se mêlaient joie et effroi.

En tremblant, elle chuchota :

– Merci, ô merci ! Peux-tu me l'agrafer, s'il te plaît ?

Elle se pencha et offrit sa gorge.

Sur la peau de Salma, les amazonites taillées depuis plus de deux siècles retrouvèrent aussitôt leur éclat d'antan.

C'était le bijou rêvé. Il irradiait sa reine d'une mystérieuse flamboyance.

Nicolas la prit dans ses bras et l'embrassa longuement. C'était un baiser de feu. Elle y répondit longuement.

Elle s'écarta finalement, et souffla :

– Je ne le quitterai jamais. Il sera là toujours sur moi et toi, toujours en moi !

Il était ému. La phrase était belle, très orientale. Peut-être un peu ronflante en français. N'empêche, l'amour peut se permettre bien des banalités.

Contrarié, il confia.

– Salma, je n'ai pas osé te le dire, mais ma mère a terminé la maison de la Palmeraie. Nous partons après-demain.

Elle émit une plainte. Il se rattrapa :

– Je ne t'oublierai jamais, Salma. Jamais, tu m'entends ? Si les lois de l'islam nous séparent, tout le reste nous rapproche. Religion ou pas, nous sommes faits l'un pour l'autre. Nous sommes des passionnés, des curieux, des fous de la vie. On est du même sang, Salma !

« Et je vais te faire un aveu. Ne le dis pas à ma mère... Elle le sait, bien sûr, mais elle me le cache encore. Moi aussi, je suis une sorte de Ragd. Je suis né d'un autre père.

Cette fois, elle se jeta dans ses bras et elle l'embrassa à la folie. Un vrai baiser de femme qu'accompagnait le corps tout entier.

Elle savait qu'il était Ragd. Son ange gardien le lui avait dit.

Elle le serrait et elle l'embrassait jusqu'à l'étouffer. Et, plus elle le serrait, plus les pierres du collier rentraient dans la chair de Nicolas. Il aimait cette douleur. Il aimait cette terrasse. Il aimait Marrakech. Il aimait le monde entier. Il aimait les croyants, les impies.

De la mosquée la plus proche résonna l'appel du muezzin, aussitôt repris par tous les autres minarets. Allah Akbar, Allah le Grand faisait entendre sa voix à travers les chambres de Dieu.

Salma n'attendit pas plus longtemps. Elle quitta ses bras et se précipita dans les escaliers en courant.

Il l'aimait. Elle avait sans doute ses raisons de le quitter aussi rapidement. Elle préférait adorer Allah plutôt que de l'adorer lui. Et alors ? Qu'est-ce que cela faisait ? Pourquoi lui en vouloir ?

Elle était ainsi, comme tout le monde, entre deux promesses, entre deux espoirs, entre deux univers.

Le cœur léger, sûr de lui, il s'apprêtait à faire demi-tour quand une petite fille, l'une des cousines, se montra.

Elle alla vers Nicolas et lui tendit une enveloppe. Elle repartit en un éclair.

Il l'ouvrit. Dedans, il y avait une mèche de cheveux noirs, et un mot en forme de cœur : « À toi, Nicolas, pour la vie ».

Inch Allah ! Il sentit monter en lui une formidable jubilation. Ne venait-il pas de remporter deux batailles ? Une première sur lui-même. La seconde sur l'islam.

Alice paya l'antiquaire. Au passage, elle s'offrit une parure d'argent et de corail qui venait également de chez Ben Mouzoura. Elle aurait appartenu à la sœur du vieux lettré, une Ragd, elle aussi. Répudiée par son mari, accablée par sa belle-famille, elle s'était donné la mort. Le bijou de la sœur ne valait sans doute pas celui de l'épouse. Il faisait toutefois beaucoup d'effet.

Alice courait les souks de Marrakech depuis toujours, au point que ses amis la surnommaient « la soukeuse ». Elle s'étonnait encore d'être tombée sur un pendentif berbère aussi rare. Elle n'avait pas résisté, elle aimait atténuer par des cadeaux les contrariétés, les petits soucis. Elle ne s'en cachait pas. Elle compensait et se récompensait.

Depuis peu, elle se tourmentait au sujet de Nicolas. Il y avait de quoi ! Dire qu'il était fou amoureux d'une musulmane qu'il voyait déjà comme la femme de sa vie ! Passe encore, il faut bien que jeunesse s'affirme. Il se marierait avec Salma, il n'en démordait pas.

Alice comptait sur le temps, sur l'éloignement, sur de nouvelles rencontres, sur la fougue qui habitait son fils. Elle le pensait capable de décrocher aussi vite qu'il s'accrochait. Qu'il veuille épouser une Marocaine de seize ans ne lui paraissait pas très sérieux. Plus graves étaient ces ragots qui couraient à propos de Nicolas. Jusque dans la Palmeraie. Moha, le marchand de tapis, y avait des amis gays. Au cours d'une soirée sex-food, autrement dit sexe bouffe, Moha s'était vanté de sa relation avec un jeune Français séjournant dans la Médina. L'adolescent, un beau blond « très Apollon », n'y allait pas par quatre chemins. Il commençait par refuser, pour mieux faire monter les enchères. Et puis, après marchandage, il acceptait. En blaguant, on avait rapporté l'histoire à Alice. Tout de suite, elle avait pensé à Nicolas. Elle le savait capable d'aller jusqu'au bout de lui-même pour sauver un être en détresse. Non, Nico n'irait quand même pas jusque-là ! Cette histoire lui paraissait inconcevable. Son fils n'était pas le seul beau blond de la Médina. Elle chassait ses doutes, les images. Et puis les doutes, les images, revenaient de nouveau s'imposer. Elle se proposait même d'aller voir Moha afin de lever cette ombre. Elle y renonça. Elle n'aurait su comment aborder le sujet, encore moins comment sermonner Nicolas. Elle se souvint d'un slogan que l'on lisait en 1968 sur les murs de Paris : « Il est interdit d'interdire ». Elle préféra rester sur son trouble. Elle haïssait les rumeurs, les bruits de couloirs, les sous-entendus. Il en reste toujours quelque chose. En réalité, Alice préféra une autre stratégie. Plutôt que de pousser son fils à faire des aveux voilés, elle prit les devants, et laissa une somme conséquente à la disposition du vieil homme. Le Hadj pourrait alors léguer intacte sa prestigieuse bibliothèque à tous les Ragd de Marrakech.

N'annonçait-on pas, rien que pour l'année 2002, la naissance surprise de plusieurs milliers d'enfants dormants ?

Épilogue

Nicolas était absent. En réalité, il comptait. C'était machinal et énervant. Il n'en pouvait plus de jouer comme cela, aussi bêtement, avec le hasard. Rien à faire pour se débarrasser de ce tic obsessionnel. C'était plus fort que lui. Il trouvait ce genre d'exercice stupide et vide de sens. Malgré tout, il y croyait encore et il espérait apercevoir Salma avant d'atteindre les sept mille.

Il suivait la carossa tirée par un vieil homme aussi délabré que sa charrette. Les bagages d'Alice la remplissaient jusqu'à déborder.

Alice marchait à ses côtés. Elle surveillait son fils en même temps que ses valises Vuitton. Il l'inquiétait.

Histoire de le rassurer, elle risqua :

– Elle sera peut-être à l'aéroport ?

Il laissa les chiffres en plan et lança :

– L'aéroport ! Tu n'y penses pas, elle n'a jamais quitté la Médina !

Agressif, il ajouta :

– Et comment irait-elle à l'aéroport ? Voyons, maman, tu débloques !

Alice ne répondit pas. Elle se demandait lequel des deux débloquait le plus !

Il reprit ses comptes. Tous les vingt chiffres, il se retournait. Sait-on jamais ?

Arrivé sur la Grande-Place, on transféra les bagages de

la charrette au coffre d'un grand taxi. Généreuse, et respectueuse du standing, Alice ne se déplaçait qu'en Mercedes. Au Maroc, ces véhicules totalisent un million de kilomètres, parfois le double, voire le triple. Alice se fichait des kilomètres. L'important, c'était l'apparence.

On met peu de temps entre le centre de Marrakech et l'aéroport. Un quart d'heure, tout au plus. Une fois passés les remparts et ses encombrements continuels, les routes sont dégagées, à croire que les Marrakchis ne quittent jamais leur ville.

Le chauffeur voulut aider ses passagers. Il proposa un chariot. Un porteur le court-circuita et s'empara du chargement. Alice le remercia d'un billet de cinquante dirhams. Elle était comme cela. Par peur d'être prise pour une avare, elle triplait les tarifs.

Ils gagnèrent la file des passagers. Ceux-ci patientaient derrière le comptoir de la Royal Air Maroc. Alice les scruta un à un, gratifiant parfois une connaissance d'un sourire plus ou moins appuyé.

Nicolas, qui avait repris ses comptes, n'appréciait pas ce genre de mondanités. Certes, il estimait sa mère plus que quiconque. Il lui était reconnaissant de son geste généreux. Désormais, le saint-homme pouvait payer ses soins.

Plus par contenance que par curiosité, car elle devinait la réponse à venir, Alice lança :

– J'espère que tu es content de rentrer en France ?

Quelle absurdité !

Nicolas ne répondit pas. Il était occupé ailleurs. Occupé, et même préoccupé. Il venait de dépasser les six mille huit cents quand il ressentit une présence dans son dos. Quelque chose comme un regard aimanté.

Instinctivement, il se retourna et la vit.

Sa Reine était là, à l'autre bout du hall. Elle souriait ? Non, elle pleurait ? Peut-être pleurait-elle en souriant ? Peut-être souriait-elle en pleurant ?

Il était satisfait. Il s'était donné jusqu'à sept mille. Il avait eu chaud, c'est sûr, très chaud même. À six mille sept cents points, il n'y croyait plus. Il pensait perdre le pari qu'il avait fait avec la vie. Maintenant, il en était sûr, la vie était avec lui, la vie était avec eux...

Négligemment, Alice fit le même commentaire :

– J'espère que tu es content de rentrer. Tu vas retrouver tes études, c'est formidable ! La vie va reprendre son cours !

Cette fois, il n'esquiva pas. Sa voix était claire, joyeuse :

– Oh, tu sais, maman, pour moi, la vie commence à Marrakech...

Table

DES MÊMES AUTEURS

Principaux ouvrages

Jacques Lanzmann

AUX ÉDITIONS DU ROCHER
Le Pavillon des affreux
Rue des Rosiers
On a retrouvé David
L'Empire du silence (en préparation)

AUX ÉDITIONS JEAN-CLAUDE LATTÈS
Le Lama bleu (prix Wizo)
Le Septième Ciel
Marches et Rêves
Hôtel Sahara
Le Voleur de hasards
Le Dieu des papillons

AUX ÉDITIONS ROBERT LAFFONT
Le Têtard
Les Transsibériennes
Rue des Mamours
La Baleine blanche
Fou de la marche

AUX ÉDITIONS JULLIARD
Le Rat d'Amérique
Les Passagers du Sidi Brahim

AUX ÉDITIONS DENOËL
Qui vive !
Mémoires d'un amnésique

AUX ÉDITIONS PLON
La Horde d'or
Le Chant du voyage
N'oublie jamais qui nous sommes
Imagine la Terre promise

AUX ÉDITIONS RAMSAY
Le Raja
Le Fils de l'Himalaya
La mémoire des dieux

Florence Chambouleyron Lanzmann

L'Élysée comme si vous y étiez, Éditions Pau

Nous, une histoire d'amour, co-écrit avec Jacques Lanzmann, Éditions Robert Laffont

Petite histoire du sexe et de son apprentissage, de 1900 à nos jours, Éditions Jean-Claude Lattès

Le guide du flirt, en collaboration avec Jacques Lanzmann, Éditions Ramsay

Maisons d'écrivains au cœur de France, Éditions La Nouvelle République

Impression réalisée sur CAMERON par

BUSSIÈRE CAMEDAN IMPRIMERIES

GROUPE CPI

à Saint-Amand-Montrond (Cher)
en mars 2004

Éditions du Rocher
28, rue Comte-Félix-Gastaldi
Monaco

Dépôt légal mars 2004. N° d'Impression : 040954/1.
N° d'Édition : CNE section commerce et industrie Monaco 19023

Imprimé en France